"十二五"辽宁省重点图书出版规划项目

U0884126

三友会计论丛 第18辑

SUNYO ACADEMIC SERIES IN ACCOUNTING

智能技术驱动下的财务共享模式创新与应用实践研究

郭晓梅 等 著

Research on Innovation and Application of Financial Shared Services Model Driven by Intelligent Technology

东北财经大学出版社 | 大连
Dongbei University of Finance & Economics Press

图书在版编目（CIP）数据

智能技术驱动下的财务共享模式创新与应用实践研究 / 郭晓梅等著. —大连：东北财经大学出版社，2022.9

（三友会计论丛·第18辑）

ISBN 978-7-5654-4634-4

Ⅰ.智…　Ⅱ.郭…　Ⅲ.企业管理-财务管理-研究　Ⅳ.F275

中国版本图书馆CIP数据核字（2022）第148714号

东北财经大学出版社出版发行

大连市黑石礁尖山街217号　邮政编码　116025

网　址：http：//www.dufep.cn

读者信箱：dufep @ dufe.edu.cn

大连永盛印业有限公司印刷

幅面尺寸：170mm×240mm　字数：143千字　印张：9.75　插页：1

2022年9月第1版　2022年9月第1次印刷

责任编辑：王　莹　周　晗　责任校对：周　颖

封面设计：冀贵收　版式设计：原　皓

定价：42.00元

教学支持　售后服务　联系电话：（0411）84710309

出版者的话

随着我国以社会主义市场经济体制为取向的会计改革与发展的不断深入，会计基础理论研究的薄弱和滞后已经产生了越来越明显的“瓶颈”效应。这对于广大会计研究人员而言，既是严峻的挑战，又是难得的机遇。说它是“挑战”，主要是强调相关理论研究的紧迫性和艰巨性，因为许多实践问题急需相应的理论指导，而这些实践和理论在我国又都是新生的，没有现成的经验和理论可资借鉴；说它是“机遇”，主要是强调在经济体制转轨的特定时期，往往最有可能出现“百花齐放，百家争鸣”的昌明景象，步入“名家辈出，名作纷呈”的理论研究繁荣期和活跃期。

迎接“挑战”，抓住“机遇”，是每一个中国会计改革与发展的参与者和支持者义不容辞的责任。为此，我们与中国会计学会财务成本分会、东北财经大学会计学院联合创办了一个非营利的学术研究机构——三友会计研究所，力求实现学术团体、教学单位、出版机构三方的优势互补，密切联系老、中、青三代会计工作者，发挥理论界、实务界、教育界的积极性，致力于会计、财务、审计三个领域的科学研究和专业服务，以期为我国的会计改革与发展做出应有的贡献。

三友会计研究所的重大行动之一就是设立了“三友会计著作基金”，用于资助出版“三友会计论丛”。它旨在荟萃名人力作及新人佳作，传播会计、财务、审计研究与实践的最新成果与动态。“三友会计论丛”于1996年推出第一批著作；自1997年起，本论丛定期遴选并分辑推出。

采取这种多方联合、协同运作的方法，如此大规模地遴选、出版会计著作，在国内尚属首次，其艰难程度不言而喻。为此，我们殷切地希望广大会计界同仁给予热情支持和扶助，无论作为作者、读者，还是作为评论者、建议者，您的付出都将激励我们把“三友会计论丛”的出版工作坚持下去，越做越好！

东北财经大学出版社

序

随着我国经济转型升级，传统企业经营管理面临着前所未有的挑战。在这种背景之下，如何进行高效、透明的财务管理和提升运营效率成为一个亟待解决的问题。将智能技术融入财务工作，可以提高财务人员的工作效率，降低运营成本，从而有效地支持公司战略的实施。同时，还能为管理者提供实时动态信息及决策参考，帮助他们更好地为客户创造价值。

为此，2019年，管理会计师协会（IMA）与上海国家会计学院及其他成员单位共同成立的智能财务中心发布了13项针对智能财务的研究课题。同年，IMA又联合厦门大学管理会计研究中心对其中一项研究课题《智能财务技术驱动下的财务共享模式创新与应用实践研究》展开为期一年的联合研究，借此探索技术进步与财务共享服务之间的关系，追溯及构建财务共享服务变革路径及模型，展示共享服务给企业带来的机遇与挑战，此项研究成果对企业建立并完善财务共享服务具有重要意义。

首先，本书梳理了共享服务的发展历史和相关文献，发现在从传统财务到智能财务的发展过程中，财务共享服务的发展路径以组织变革理论为基础，探索了技术进步与财务共享服务之间的关系，解释了财务共享服务的演变过程，指明了环境、技术、流程、组织结构和人员在演变过程中的作用，完善了组织变革理论。

其次，为了解技术进步与财务共享服务中心之间的关系，本书基于普华永道（2013）提出的财务共享服务中心成熟度模型与Tomatzky和Fleischer（1990）提出的TOE（技术-组织-环境）模型设计了调查问卷。调查问卷结果表明，我国财务共享服务中心目前整体处于中级阶段，并且各个维度的发展水平参差不齐，呈现重规划、轻运营的特点。财务共享服务中心对于降低成本、控制风险、减少程序的无效性有独到的优势，但同时对技术有较高的要求，会对一部分财务人员的工作产生冲击。因此，为适应财务共享服务中心的发展，企业在建设财务共享服务中心时需要重视对技术的投资。

最后，本书通过对实际案例的分析，指出智慧财务共享平台基于智联网、人工智能、大数据等新技术，在数据、生成路径、处理能力以及场景化呈现上，与传统财务共享存在较大区别。智慧财务共享平台能在加深与其他共享中心融合交汇的同时，逐步延伸至更多高价值的流程。会计核算的集中共享并非财务共享的必然发展起点，技术对于财务共享的发展有巨大的推进作用，对于支持企业的数字化商业模式具有重要意义。

IMA管理会计师协会副总裁、中国区首席代表

2022年3月

前言

财务共享服务中心的建设奠定了财务数字化转型的基础，互联互通的智能财务共享模式出现。21世纪初，源于美国的共享服务中心，随着跨国公司海外业务的扩张来到了中国。在当前数字经济环境下，智能技术的应用快速改变了商业环境，对财务工作造成了巨大的冲击。随着共享服务理念和前沿技术的引入，国内企业尝试开展共享服务，建立共享服务中心。特别地，2013年，财政部印发的《企业会计信息化工作规范》明确规定："分公司、子公司数量多、分布广的大型企业、企业集团应当探索利用信息技术促进会计工作的集中，逐步建立财务共享服务中心。"2014年，财政部印发的《关于全面推进管理会计体系建设的指导意见》提出："鼓励大型企业和企业集团充分利用专业化分工和信息技术优势，建立财务共享服务中心，加快会计职能从重核算到重管理决策的拓展，促进管理会计工作的有效开展。"推动财务数字化转型，正是会计"十四五"发展规划的主要内容之一。一时之间，财务共享服务中心的建设被很多企业提上了议事日程。不过，人们对于什么是共享服务、什么是财务共享服务，其实存在着多种理解。笔者在调研和咨询活动中发现，有些企业一提到共享服务，就想到共享经济，常常将二者等同；有些企业一提到财务共享服务，就想到财务集中，看中了集中财权、加强管控的机会；有些企业则想到了利用互联网信息技术实现会计信息化；还有些企业想到了财务分工，想到了共享财务。凡此种种，犹如盲人摸象，未能窥其全貌。

作为伴随国际化和信息技术进步而产生并发展起来的大型企业的新型服务提供模式，共享服务与传统服务模式存在诸多不同。回望来路，方知去处。为此，本书通过文献分析、收集资料，梳理了共享服务模式在国内外的发展历程，厘清了共享服务与集权、外包的区别，并发现了共享服务的核心要素，即企业内部单一的组织体向两个或多个经营单元提供共同的服务。共享服务，从大型企业内部服务模式的转型起步，并应用于人事、财务、信息技术等传统服务职能之中。财务共享是共享服务在财务领域的应用。分久必合，随着国际化和智能技术的发展，共享服务萌生了由细分的分职能共享向多职能融合共享转变的趋势，已出现全球共享服务中心（GBS）的形式。因此，在梳理共享服务发展脉络的同时，笔者也对促其发展的影响因素做了分析，特别是探索了技术进步与财务共享服务之间的关系。

本书还通过问卷调查和案例研究展开分析。借助问卷调查，笔者发现，国内企业的财务共享服务中心成熟度平均处于中级阶段，重规划、轻运营，且多数集中于会计核算的共享，对于技术的应用存在较大的差异。事实上，共享服务中心的建设并非只是共享，更重要的是服务；并非只是技术的更新迭代，更重要的是管理变革。财务共享服务的建设过程，同时也是财务转型的过程。在数字化技术驱动之下，财务共享服务正向智能财务共享发展。基于组织变革理论，笔者构造了财务共享转型路径模型，分别从技术、流程（任务）、组织结构和人员四个维度去探索财务共享的变革。通过案例研究发现，两家企业的财务共享服务中心的建设与演变过程，呈现了自下而上的渐变式与自上而下的颠覆式这两种财务共享变革模式。研究结论如下：

第一，从传统财务转向智能财务是当前企业财务转型的发展方向。在数字经济环境下，企业财务数字化转型已是必然。智能财务是财务共享的发展方向，但财务共享并非智能财务的必然起点。不同的企业可以根据自身的实际情况，选择适宜的抓手进行财务转型。财务共享服务中心的建设过程伴随着流程、组织、人员职能、技术的变革，奠定了财务数字化转型的管理基础、组织基础和数据基础，可以加速财务的智能化转型。财务转型的最终目标是实现智能财务共享。

第二，智能技术的发展促进了财务共享服务的加速发展。不同企业的信息技术水平不同，所选择的财务共享的发展路径也会呈现差异。财务共享的建设，因为有了智能技术的辅佐，不一定遵循从会计核算共享到业财融合再到智能财务的传统发展路径。信息技术的发展使得企业跨越式进入智能财务共享成为可能。

第三，未来财务将是基于智能财务共享大平台的财务生态圈。智能财务共享大平台融合多种组织职能，实质是对原属后台的财务功能的重组，并向前台推进，形成组织中台，支持前台并联结企业内外多种资源，以数据和知识驱动资源并赋能企业发展。随着核算的自动化、智能化的实现，财务人员从传统核算工作中解放出来，释放出管理支持、数据支持等新能力，同样可以采取共享的模式。此时，财务共享形成新的生态圈模式。

为了满足企业高质量发展目标，经营单位需要更强、更好的后勤支持。共享服务模式，借助技术进步和组织转型，促进了大企业服务职能的服务意识和服务能力的提升，从而与业务并肩同行。本书的研究探索了财务转型的道路，研究了技术与财务共享发展的关系，指出了财务共享智能化转型的模式，可供有意对财务组织向智能化发展的企业及其管理者借鉴。

本书的研究，基于管理会计师协会（IMA）的委托展开，根据厦门大学管理会计研究中心郭晓梅教授的相关研究成果总结提炼而成。本书主要作者包括郭晓梅、陈薇、刘雨菲、陈帆、陈平和胡君儒。在研究过程中，IMA帮助协调问卷调研并联系部分案例采访对象，厦门大学管理会计研究中心为本研究提供了平台和条件，调研过程得到了来自实务界的许多财务人员的支持，在此一并表示感谢。同时也感谢每一位案例受访人和调研问卷填写者对于本研究的配合与支持。

因作者学识所限，书中难免存在不足和错漏之处，敬请广大读者批评指正。

作　者

2022年3月于厦门大学

目　　录

第 1 章

引言

1.1 研究问题的提出

1.1.1 数字经济与数字化转型

随着信息技术革命的发展，数字经济已经悄然而至。G20 峰会（2016）指出，数字经济是指以使用数字化的知识和信息作为关键生产要素、以现代信息网络作为重要载体、以信息通信技术的有效使用作为效率提升和经济结构优化的重要推动力的一系列经济活动。互联网、云计算、大数据、物联网、金融科技与其他新的数字技术的发展，使一切活动和信息得以用数字形式加以采集、存储、访问、分析和共享。这种数字化的模式，使企业得以获取包括人员、流程、设备、工厂和业绩在内的一切信息，加以收集和深层次地利用。当前，我国数字经济转向深化应用、规范发展、普惠共享的新阶段。数字技术向各行业领域的渗透扩散，加速了产业要素裂变聚合，推动生产力组织方式日益走向平台化、共享化、智能化，数字经济已成为经济高质量发展的新动力源。Gartner（2017）指出，传统企业向数字化转型升级的趋势愈发成为共识。积极参与数字化生态系统建设，是卓越企业差异化的因素之一。传统制造业的数字化革命，不仅带来了技术创新的整合，还引发了商业模式的重塑或重构。数字化转型应用数字技术为整体转型赋能，从而通过根本性地改变企业创新、经营、交付产品和服务，与利益关系人建立密切联系、执行任务等来创造价值（HP，2018）。特别地，面对当今世界的不确定性环境和更加复杂的竞争压力，企业追求高质量发展需要拥有敏锐的战略选择和执行能力，需要拓展创新价值的能力。数字化转型成为企业创新竞争能力的重要推手。数字化转型开发数字化技术及支持能力以新建一个富有活力的数字化商业模式（陈劲等，2019）。IDC调查报告（2018）显示，在全球顶尖的2 000家企业中，三分之二的CEO将数字化转型作为企业战略的核心。国家发展和改革委员会于2020年5月启动“数字化转型伙伴行动”，以帮助企业上云、用数、赋能的数字化转型。诸多行业龙头、平台企业和服务商等参与其间，数字化转型的生态环境开始形成。人工智能、区块链、云计算、大数据、边缘计算、移动互联等新兴信息技术的发展，重新定义了业务，改变了企业的商业模式，其运营模式开始向作业智能化、生产自动化、产业平台化转变，管理模式向精细化、服务共享化和生态协同化发展。及时展开数字化转型成为企业的共识，但如何转型、从哪里开始转型则是摆在企业面前的一道难题。

1.1.2 财务转型

在企业信息化的历史进程中，财务在每一次企业转型过程中都扮演着重要角色。无论是会计电算化，还是ERP普及运动，财务都是推动企业全面转型的发动机，是企业优化升级的重要抓手。埃森哲（2018）发布的《数字化转型CFO新使命》报告指出，在企业数字化转型的进程中，财务部门扮演着重要角色，是推动企业转型和制定战略决策的关键。企业数字化转型，带来了对财务职能提供高增值服务的需求。企业可以借助数字化创新，加快内部流程、业务模式等方面的变革，逐渐转变成为由数据驱动的组织，使企业决策和发展更具洞察力。依靠数字化转型，企业得以提升竞争能力。数字和数据是影响企业业绩管理核心——财务职能的两大力量（EY，2016）。企业的数字化转型，必然使企业财务职能发生转变。财务已经迎来智能财务数字赋能阶段。会计数字化转型成为会计改革与发展“十四五”规划的主要任务之一。用友网络财务共享专家陈志光先生认为，财务是企业数字化转型升级的最有力把手和切入点（用友，2018）。

技术进步为财务转型提供了平台和解决方案。信息技术的进步推动了传统财务职能的工作流程、组织结构、财务管理模式的变革。互联网、神经网络、图形用户界面、虚拟办公室等的应用推动了会计流程变革，对会计行业产生了深层次的影响（IMA，1997）。德勤的研究（Deloitte，2016）表明，云计算、可视化和流程机器人已经成为财务领域的主流信息技术，认知计算、内存计算和区块链技术等先进技术则被一些领先企业的财务部门所采纳。上海国家会计学院智能财务研究院近年来发布的“影响会计从业人员的十大信息技术”也表明，财务云、电子发票、会计大数据分析与处理技术、机器人流程自动化（RPA）、新一代ERP等已经开始影响会计行业，财务会计工作呈现自动化、智能化趋势。财务的机构、人员、组织等载体，呈现出虚拟化特征并且提供泛在的服务。

随着企业数字化转型的深入，财务管理作为企业管理的核心内容，面临着升级和转型。“大智移云物”等信息技术的出现和日益成熟为财务预测决策、财务风险管控以及财务成本管理等企业的财务活动提供了更先进的专业算法、模型和工具，以人工智能为代表的新一代信息技术的发展给财务管理带来了新的发展契机，正在使财务从信息化向智能化的方向转变，从注重财务会计向注重管理会计转变，以智能核算、智能预算、智能共享和智能分析为核心的智能财务体系正在形成，在财务智能化转型的过程中，财务的决策支持作用越发重要。

财务转型，是财务工作的变革与重构，其核心思路是要把企业集团中最能创造价值的管理活动从原有的财务部门分离出来，放到业务层面与集团层面，在降低成本、增强管控能力的同时，明确财务在企业集团价值链管理中的正确定位，努力为创造企业价值服务。财务职能，从核算型会计为主，向管理型会计转变。许多财务团队已深入到企业的各个部分，包括信息技术、人力资源、供应链管理等，成为其他团队的商业伙伴，甚至成为价值的整合者（CFO Research & SAP，2015）。传统财务职能所包含的会计核算、财务报告、审计控制等工作，正向战略支持、风险管理、市场洞察等转变，以实现企业价值增长。

1.1.3 财务共享服务

共享服务是20世纪80年代由美国一些大型企业提出的。分权化组织将原来分散的服务性作业集中和形成半自主的共享服务中心，以节约成本、提高效率、创造价值以及提高对内部客户的服务质量。当这种服务集中于财务职能时，就产生了财务共享服务（finance shared service），而承担此服务的组织单元，就称为财务共享服务中心（finance shared service center，FSSC）。

在大型企业，财务服务可以以多种方式提供。其中，财务共享服务是以顾客需求为导向，以财务业务流程管理为基础，以信息技术为依托，达到优化组织结构、规范流程、提高效率、降低运营成本目的的一种创新型集团财务管理模式。作为一种先进的管理模式，财务共享服务在世界范围内，特别是大型企业中得到了广泛应用，以加强财务管控，提升公司竞争力。2013年12月6日，财政部发布的《企业会计信息化工作规范》中提到："分公司、子公司数量多、分布广的大型企业、企业集团应当探索利用信息技术促进会计工作的集中，逐步建立财务共享服务中心。"自此，我国也有一批企业根据自身业务特点建立起来了具有本土特色的财务共享服务中心，现已进入蓬勃发展阶段。通过实践，财务共享服务模式得到了不断的改进与完善。

随着经济发展、商业模式转变以及技术的进步，财务共享服务的实践模式也在不断升级迭代。企业从总部财务到建立财务共享的过程，是信息技术的应用过程，也是流程再造、财务管理思想的变革过程。在财务共享服务中心的建设过程中，通过流程再造，流程标准化统一与优化和组织变革，奠定了财务转型的管理制度基础；通过财务智能再造，奠定了转型的人才基础；而信息技术的普遍应用，则使企业形成了数据共享中心；算力和算法的加持，为深入进行数据挖掘分析支持决策奠定了基础。可以说，财务共享模式已经成为大中型企业在大数据时代背景下实现现代财务转型发展的必然趋势。

财务共享服务中心的发展与信息技术应用发展紧密相连，网络报账、影像系统、资金交易处理平台已经成为如今FSSC的标准配置。绩效管理、质量管理、客户服务也越来越多地依靠系统来支持。可以说，信息技术成就了中国式财务共享服务1.0时代的辉煌。

而今，技术革新贯穿于财务共享服务中心的发展历程，且从未止步。在大数据时代，传统的财务共享服务中心已无法完全满足企业的需要。在智能技术驱动下，如何利用信息化时代的新技术进行符合现实需求的财务共享模式的创新与应用是当前亟待深入研究和探讨的课题。

财务转型存在着多种选择，财务共享作为企业财务转型的切入点，在新技术的驱动下，其模式和价值也在不断演化。本书将探索在数字经济时代，企业数字化转型背景下财务共享模式的创新应用问题。

1.2 研究方法与研究内容

为了解决研究问题，本书主要运用了文献研究法、问卷调查法及案例研究法。

文献研究法：本书通过对国内外有关共享服务及全球共享服务的文献的整理或归类，界定共享服务的概念及发展进程，总结最新的研究成果，并从中提炼出智能技术驱动的财务共享服务模式的研究主题，在学者已有的研究基础上，构建起相关的理论框架，并借助后续的问卷调查及案例研究完善和验证理论框架。

问卷调查法：为了了解技术进步与财务共享服务模式之间的关系，本书通过设计结构化网络问卷，对研究命题做了初步的了解，证实了一些假设并据此完善了理论框架。

案例研究法：为了了解技术进步与财务共享服务模式之间的关系，我们采取案例分析方法，选取两个典型案例，收集其相关数据和资料，加以整理分析，从而进一步验证智能技术驱动的财务共享服务的创新模式和演变路径。

本书后续由几个部分组成：共享服务的产生与发展，财务共享服务的文献综述，财务共享服务转型的理论框架，财务共享服务现状调研分析和财务共享服务的创新案例分析及总结。

第 2 章
共享服务的发展历程

从20世纪80年代中后期开始，大型跨国企业全球扩张，规模扩大，出于降低成本、改进控制、提高服务水平和获取战略价值的考虑，开始在全球范围内进行资源的整合与共享，展开共享服务中心的实践。早期的共享服务中心产生于美国，诸如福特公司、杜邦公司、GE公司等，之后，许多公司纷纷仿效，并有燎原之势，联合信号、孟山都、阿莫科、百特国际、天纳克、强生、IBM、惠普、戴尔、美国运通等开始将共享服务视为一个替代外包、流程再造、组织重组或是其他已有的与员工服务、绩效相关方法的有力解决方案。我国的海尔、新奥集团、中国网通等也开始采纳这种管理模式。据The Hackett Group（2017）的调查，世界一流的共享服务中心在成本节约、质量和生产力方面的业绩优于其同行。目前世界500强中有80%的公司正在实施某种类型的共享服务模式（Buchanan，2017）。到2021年，共享服务模式历经多年发展，已经从当初追求低成本集中化的方法转向追求交易的效率。在发展过程中，共享服务平衡了各种机会，包括海外低成本资源、外包、机器人劳动等，以驱动绩效和传递更多的价值（Hampton，2020）。

本章首先通过文献研究，论述共享服务的概念，接着梳理共享服务的产生与发展历史，并对其未来趋势及面临的挑战加以分析，以便为共享服务在财务职能方面的应用即财务共享服务的相关研究奠定基础。

2.1 共享服务概述

2.1.1 共享服务的含义

1）共享服务的概念

关于共享服务（shared service）的概念，相关文献中缺乏统一的定义。普遍的认识是共享服务兴起于20世纪90年代的美国。企业为提高竞争力，关注核心竞争能力，需要重新考虑其非核心业务的处理，于是产生了业务外包或将这些非核心业务（辅助性业务）集中起来形成一个独立业务单元——共享服务中心（shared service center，SSC）——的管理实践。之后，人们尝试从不同角度来对共享服务进行定义。

共享服务的概念由Robert Gunn等（1993）提出。企业要想获得竞争优势，就必须对企业内部流程进行重整，消除分散化管理和复杂结构给企业造成的资源浪费，以共享的方式满足企业的需求。共享服务是公司试图从分散管理和较少的层级结构中取得竞争优势的一种管理理念，其核心思想在于提供服务时共享组织成员和技术等资源。

Bryan Bergeron（2003）认为，共享服务是一种战略的融合，是一种将企业一部分现有的经营职能集中到一个新的半自主业务单元的合作战略，目的是节约成本、提高效率、创造价值以及提高对内部客户的服务质量。这个新的半自主业务单元就如同在公开市场展开竞争的企业一样，设有专门的管理结构，即共享服务中心。

共享服务的两个关键特征是：将原来分散的服务性作业集中和形成半自主的共享服务中心。集中，使大量重复性交易在同一单元完成，形成了规模经济或提高了专业经验，减少了组织内部对流程、人员或系统的重复建设，从而节约成本。集中还能够提高原来分散的服务的效率。半自主经营则可以使共享服务中心更能关注业务单元（内部客户）的需求。因此，推行共享服务可以节约成本、提高企业运行效率、提升公司内部客户的满意度。

Ulrich（1995）从组织现象的角度对共享服务做出定义，认为共享服务是一种当单独的业务部门汇聚在一起，旨在通过提供具有最高价值和最低成本的服务来支持组织部门时，就会发生的组织现象。因此，共享服务中心的目标是为组织提供标准化服务，从而降低组织的成本。

IMA（2000）在《实施共享服务指南》中指出，共享服务中心的核心要素是由单一的组织体向两个或多个经营单元提供共同的服务，该组织体称为共享服务中心。共享服务中心的特征包括：它可以经营业务；它能为公司的一个以上的单位（如部门、经营单位）提供定义明确的流程或基于知识的服务；它有自己专用的资源；它利用与内部客户的合同安排（称为服务水平协议，SLA）来定义所提供服务的类型、范围和价格；它全面负责管理其成本、质量和服务的及时性。

2）共享服务与集权的区别

提到共享服务，很多人习惯将其与集权联系起来。诚然，集权战略与共享服务有着一些相似性，例如二者都是将分散于公司各个业务单元的某一项服务独立出来，并整合到一起统一处理；集权和共享服务都能带来减少因不同业务单元服务差异所造成的问题，以及降低公司总体服务成本的效果。

然而，集权与共享服务之间是有着本质区别的，不能一概而论。二者存在区别的根本原因在于其目标、定位和责任对象的不同：集权的目标是降低成本，并帮助总公司实现集中控制；而共享服务的目标是提供高标准的服务，持续改进服务质量。由于共享服务中心实行独立经营，可以和其服务对象（业务单元）签署服务协议，就服务成本、质量和交付时间加以约定，相当于引入市场机制。为了加强这种市场机制，有时还允许共享服务的内部顾客（内部的服务对象）从外部供应商处购买服务。这样就把共享服务中心变成了利润中心，促进共享服务中心以内部顾客为导向，提高服务质量。集权服务中心一般是总公司的一个职能部门，而共享服务中心是独立的经营体。集权服务部门对总公司负责，各项服务资源掌握在总公司手中，权力为总公司所掌握，总公司的政策、程序、流程占据主导地位，业务单元必须服从总公司；而在共享服务模式下，独立的共享服务中心掌握着服务资源，表面上是资源集中共享了，但是掌握资源的权力或影响力来自内部顾客，共享服务中心为了更好地利用服务资源而积极对内部客户负责，关注内部客户的需求。甚至可以说，内部顾客的需求影响着共享服务中心的资源安排。就这点而言，共享服务和集权是截然相反的。

可以看出，有别于以部门化方式运作的集权模式，共享服务是依靠内部市场激励来驱动的，这使得共享服务中心在提高服务质量和降低成本方面有着更高的能动性。二者在目标、定位和责任方面的本质区别使得它们在提供服务类型、选址、业绩评价等方面表现出不同的特点。共享服务中心关注客户需求的态度使它提供的服务更加灵活和定制化，并拥有更多可行的评价指标（见表2-1）。随着共享服务的发展，去中心化特点更加凸显，与集权的差异进一步加大。

表2-1　　**共享服务与集权的对比**

	共享服务	集权
目标	提供高标准的服务，持续改进服务质量	降低成本，集中控制
类型定位	独立的经营体	公司职能部门
责任对象	对内部客户负责，关注内部客户的需求	对总公司负责，总公司的政策占主导地位
服务类型	提供的服务内容和范围是与客户协商得到的，并随客户需求变化而变化	提供的服务是标准化的，不考虑不同单位的需求差异
选址	共享服务，以更好地服务核心客户为标准来进行选址	集中服务，一般位于公司总部
业绩评价	共享服务是利润中心，经理对成本和服务质量负责，因此可以广泛采用EVA、平衡记分卡等各种财务和非财务指标进行业绩评价	集权服务是成本中心，经理的绩效主要通过预算和是否背离公司目标来进行考核，缺乏体系化的考核手段

资料来源：根据 Shared Services Handbook Hit the road（Deloitte，2011：5）和 Implementing Share Service Centers（IMA，2000：3）整理而成。

3）共享服务与外包的区别

共享服务和外包也有着诸多相似之处，它们都是把原本由各个分散的业务单元自行处理的一部分同质化的业务支持服务转移到一个集中化、专业化的中心进行处理，并向业务单元收取费用，使业务单元得以从低附加值的活动中解放出来，专注于其核心业务。

共享服务与外包的本质区别在于：外包来自公司外部，外包公司是公开市场上的服务提供商；而共享服务中心是服务于内部客户的内部市场的独立业务单元。这一区别对公司的服务成本、收到的服务内容和风险管理等不同方面都有着深远的影响。

外包服务在短期内可以起到迅速降低成本的作用，然而随着技术进步和对业务的熟悉，外包公司自身的成本下降时，它却不太可能相应地下调收费，反而有可能因业务扩张而提高服务费用。共享服务的启动成本较高，但一旦建成后，公司就可以通过转移定价等手段在内部协调各方利益，从而使得整体利润最大化。换句话说，共享服务模式在议价和持续降低成本方面比外包有着更大的优势。

此外，企业很容易失去对外包业务的控制权。诸如财务等业务支持服务与企业的核心业务紧密相关，将此类服务外包时，企业将面临难以平衡服务质量与风险的窘境：拒绝外部服务提供商介入核心业务流程必然将降低外包服务质量，但提供内部信息又将增加企业的泄密风险。位于企业内部的共享服务中心有着更高的信用，且共享服务中心的系统与企业的系统和流程是充分融合的，企业可以对共享服务中心实现较为有效的控制，在保障服务质量的同时有效控制风险。

通过归纳不同定义，并将共享服务与集权和外包加以对比，可以看出：共享服务将组织内原来分散在各个业务单元进行的事务性工作和专业性服务工作进行整合，并成立了一个新的独立业务单元来集中处理上述工作，这个新业务单元称为共享服务中心。Bergeron（2002）认为，共享服务中心是从现有组织科层结构中剥离出来的，并拥有较多管理控制权限的经营单元，可以仿照独立企业运营。共享服务中心为公司内所有业务单元提供服务，并根据标准收取相应费用，获取收入。设立共享服务中心的目的是提高公司内部服务质量，降低成本。通常可以纳入共享服务中心的职能包括财务、人力资源、信息系统、法务和公司事务、采购销售、客户服务等。根据The Hackett Group（2017）的报告，79%的共享服务集中于财务职能，其次为人事、间接采购和法务。将财务职能加以整合共享，便形成了财务共享服务中心（FSSC）。共享服务概念的核心在于将原来分散于组织中的完成类似的服务性作业的资源集中起来，从而为不同的内部合作方以更低的成本提供更高水准的服务，最终提升外部客户的满意度，提高顾客的价值。其本质是对组织结构中辅助性职能的重构，同时也是一种对企业内部辅助作业的管理模式。

共享服务模式与传统服务模式组织结构对比如图2-1所示。

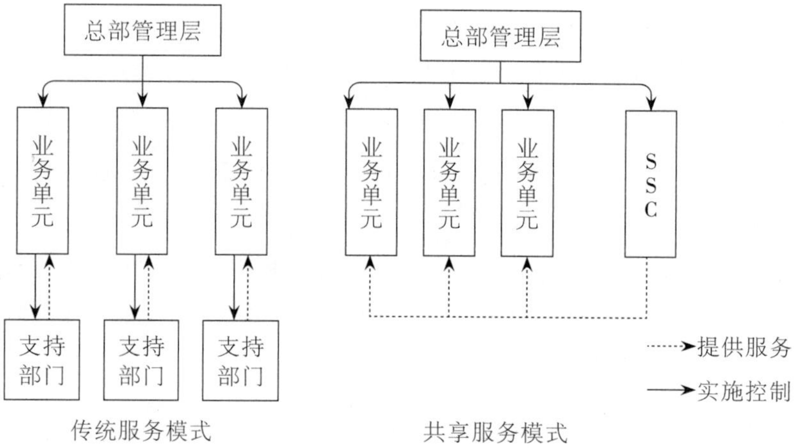

图2-1　共享服务模式与传统服务模式的组织结构

2.1.2　共享服务的主要特征

一般来说，共享服务模式主要有以下几个基本特征：

（1）共享服务是企业内部针对服务性职能的资源整合的结果。共享服务中心独立于业务单元，集中为各业务单元提供业务支持服务；业务单元将非核心业务“内包”给共享服务中心处理。在实施共享服务模式前，企业在各业务单元下设置服务性职能部门以提供业务支持服务；在实施共享服务模式后，共享服务中心将一类或多类服务资源进行整合，撤销重复的业务，通过协同为内部客户——各业务单元提供服务。相对地，各业务单元原本的业务支持部门精简、变革，它们只能选择接受共享服务中心提供的服务，或者将服务外包给公开市场上的服务提供商。

（2）实施共享服务的初始动机是降低成本、提升服务质量，之后企业开始追求战略协同、成本领先和合规等战略目标，最终目的是为企业持续创造价值。首先，通过重新整合企业内的服务资源，精简重复设置的业务支持部门，借助协同效应、流程优化和标准化等，企业可以降低其在业务支持服务上花费的成本（Deloitte，2017）。其次，共享服务中心的形式易于推行标准化与专业分工，并引入市场激励机制，保证了其较高的服务质量。再者，共享服务中心的出现改变了企业的组织结构，推进了企业业务单元的变革，提供了专业化服务，并使管理者得以关注业务问题。最后，其独特的形式也能作为企业的信息仓储、决策支持和风险管理平台发挥作用，帮助企业实现战略目标，最终创造价值。

（3）共享服务的推行需要依靠信息化的支持。共享服务作为商业组织结构、形式、制度上的变革，其与企业信息化这类技术层面的变革互为表里、难以分割。电子商务工具的出现，使业务支持服务人员不再需要以面对面的形式为业务单元提供服务；以MRPⅡ、ERP为代表的企业资源管理系统的推行，为企业内跨部门、跨地域的信息共享提供了平台。数字技术的发展，使跨国大流量数据的实时传输成为可能，企业已经完全可以将全球性或区域性的业务支持服务集中整合到某个共享服务中心，无视地理间隔，在一个地方就能够方便、有效、及时地为全球或区域内各个角落的业务单元提供服务。随着共享服务的发展，企业需要具备更多功能、更高效、能创造更多价值的共享服务模式，在这种需求的持续推动下，共享服务也会反过来促进企业技术的变革。

2.1.3　共享服务的分类

在现有的国内外商业实践中，不同企业的共享服务中心在业务性质、工作类型、组织层级等方面表现出了许多差异。现根据不同分类标准对共享服务进行分类，探讨各分类标准下不同模式的共享服务中心的特征，方便之后的阐述分析。

1）按业务类型进行分类

共享服务中心专注于提供非核心业务的支持服务。

Goold等（2001）以及IMA（1997）将业务流程分为基于事务的业务流程（transaction based）和复杂的、基于专业知识的（knowledged based）业务流程。根据这两种业务类型而组建的共享服务中心分别称为规模服务中心（Center of Scale，CoS）及专家服务中心（Center of Expertise，CoE）（Mergy and Records，2001；Harritz，2018）。

基于事务的业务流程具有重复程度高、简单和交易数量多的特点。IMA（1997）和Quinn等（2000）指出，它们的工艺组合少，标准化程度高，显示出很高的自动化潜力，从而可以充分利用信息化等技术优势。基于这些特点，这类业务是并入共享服务中心的重点业务。以凭证处理和日结账为主要工作的财务共享服务中心（FSSC）是规模服务中心的典型代表。基于知识或专业知识的流程需要特定或技术性的知识，并由合格的员工来执行。此类业务流程的数量一般低于基于事务的业务流程的数量。Quinn等（2000）认为，专家服务中心的基本思想是集中昂贵的专家资源并能产生专业化优势。能设置成专家服务中心的业务应该满足：为多个业务单元所需要；客户需求存在一定的共性；需要提供的是共性方案而不是定制方案；需要整合跨部门的专家资源等。人力资源（HR）业务是常见的应用专家服务中心的业务类型：当人力资源部门向战略角色进行转型时，就需要针对内部客户需求，提供咨询服务和解决方案；HR领域的专家与人力资源业务伙伴（HR BP）合作，设计新的制度、流程和方案，提供全球化的人力资源标准，并进行后续管理。非重复性的财务类业务也可以应用专家服务中心，例如华为公司成立的CoE中心，其主要职能是制定政策、流程和规则，提供专业、集成的解决方案与赋能。ScottMadden（2012）的研究报告指出，在共享服务发展的过程中，专家服务中心正成为新的增值点。

规模服务中心和专家服务中心的对比见表2-2。

可以看出，规模服务中心偏向交易性，其服务质量和创造的价值与其日常能够处理的重复业务批量紧密相关。无论整合的是哪一类业务，专家服务中心都带有战略性的特点，其日常工作更多的是对标准、流程的改造和发挥顾问的职能，与大批量处理重复业务的规模服务中心差异显著。

表2-2　　规模服务中心与专家服务中心的对比

	CoS规模服务中心	CoE专家服务中心
业务流程	事务性、交易性	复杂的、基于专业知识
服务内容	服务质量和创造的价值与其日常能够处理的重复业务批量紧密相关	为多个业务单元所需要；客户需求存在一定的共性；需要提供的是共性方案而不是定制方案；需要整合跨部门的专家资源等
特点	具有重复程度高、简单和交易数量多的特点。此外，它们的工艺组合少，标准化程度高，显示出很高的自动化潜力	战略性，对标准、流程的改造和发挥顾问的职能
依据	利用规模效益	利用专业优势

2）按战略布局进行分类

IBM（2011）按照建设共享服务中心的战略布局进行分类，将共享服务中心分为区域型、职能型和全球型的共享服务中心。

区域型共享服务中心，是企业将全国/全球某一区域范围内分支机构的单项服务集中整合到一个中心，整合区域内资源，较为充分地实现规模经济的一种模式。

职能型共享服务中心，即根据不同种类的业务支持类服务设置跨区域的全国/全球中心，如财务共享服务中心、HR共享服务中心等。

全球型共享服务中心，是将企业全球范围内可以集中的各种商业服务职能都通过一个统一的共享服务中心进行处理。当一个公司向全球综合商业服务中心（Global Integrated Business Services，GIBS）转移时，其动机已经不仅仅是产生规模经济以降低成本了，它将更关注这一模式可能长期为企业带来的价值。IBM（2011）认为价值包括：（1）对新市场、新客户和收购的响应速度增强；（2）改善服务交付；（3）将创新扩展到跨职能和全球服务层面；（4）更好地跨部门使用技术和技能；（5）提高跨职能数据的集成和可见性；（6）提高了公司层面的业务洞察力，可以做出更好的决策。

三种战略布局模式的细节比较见表2-3。

表2-3　　共享服务中心按战略布局分类的几种模式

	区域型SSC	全球职能型SSC	全球综合商业服务型（GIBS）SSC
结构	业务单元或地区控制交易活动、人员、预算	该职能的全球领导人控制交易活动、人员、预算	GIBS的全球领导人控制跨功能的交易活动、人员、预算
治理	地缘治理，每个单独的SSC由业务单元或区域主管负责运营：SSC需要表现出价值并向内部客户销售服务，CEO多数情况下需要鼓励内部客户使用SSC	区域治理，每个全球职能型SSC由对应的全球治理组织负责运作；该职能的全球领导人将强制要求内部客户使用SSC的服务	全球治理，在统合了所有业务支持职能、服务的基础上，由单一组织进行的全球治理；CEO强制要求使用GIBS；全球职能领导人仍保留制定战略、政策和进行决策支持活动的权力
挑战	零散，低效	官僚主义	需要从顶至下的行政机构支持
目标	主要成本降低	成本降低，提高服务标准	成本降低，流程优化，可持续性创造价值
选址	按地区选址	在全球按功能划分区域中心	具有区域中心和跨职能中心的全球布局
业绩评价	成本降低，服务成本	成本与业务量指标	流程优化，卓越的服务

资料来源：IBM.Today's shared services operating models：the engine behind enterprise transformation［R］. New York：IBM，2011：4.

2.1.4　小结

综上所述，共享服务本质上是组织结构的一种新形态，是对组织服务职能的再造。以跨国公司为代表的大型企业为了降低成本、提高服务质量，将原本由下属业务单元各自负责的支持性服务整合、集中，并成立一个或多个新的业务单元——共享服务中心来统一提供支持性服务，业务单元不再独自设立后台服务机构，统一共享“共享服务中心”的服务。共享服务就像存在于企业内部的外包，其特有的组织内定位使得共享服务模式分别与集权模式、外包模式有着相似之处，却又不同于两者，有着自己独特的性质和优势。共享服务中心，可以是规模服务中心，也可以是专家服务中心；可以是区域型、职能型的，也可以是全球型的。共享服务中心在降低成本、提高服务质量上有更高的能动性。作为组织结构变革的结果，共享服务中心也是企业新的信息仓储、决策支持和风险管理平台，对于企业的战略转型有着重要意义。共享服务的发展与企业信息化技术的发展互为表里，信息技术和其商业化应用的不断更新支持着共享服务理念的产生与完善，而共享服务模式的成熟与发展又反过来促进着企业信息化技术的一次又一次变革。

2.2 共享服务在国外的发展

自20世纪90年代以来，共享服务模式从美国兴起，已经在世界舞台上经历了30余年的发展，在理论发展和商业实践的过程中，共享服务的模式、应用范围和使用的技术载体也在不断发生变化。

1）20世纪90年代初期：初步的区域型SSC，技术隔离，独自探索

1990年，科尔尼（Kearney）咨询公司发布了一份包括福特、强生、IBM、AT&T、Nynex、Digital、杜邦、惠普和壳牌石油等著名公司在内的、关于企业最佳经营方式的研究报告，报告中认为这些公司在管理中有一个共同之处——内部财务共享服务（Quin等，2000）。

20世纪90年代初期，“共享服务”作为一种独特的运营模式，通常指公司在其主要运营区域内建立了一个内部共享服务组织。IBM（2011）指出，业务单元或区域总管将业务流程分为“核心”和“非核心”流程，共享服务中心在集中完成非核心流程的同时，其政策、业务活动和采用的决策都是在业务单元或区域总管意见的基础上确定的。共享服务在20世纪90年代的兴起，与当时流行的业务流程外包理论（BPO）紧密相关。外包理论认为，企业为维持组织的核心竞争能力、摆脱组织中人力不足的困

境，可将组织的非核心业务委派给外部的专业公司，以降低营运成本、提高品质、集中人力资源和提高顾客满意度。当外包公司是由企业自己着手搭建，以满足企业难以外包或是因成本原因不愿在外部市场上寻求外包商的一系列业务支持服务需求时，共享服务的雏形就诞生了。

支持共享服务诞生的另一个重要条件是制造资源计划（MRPⅡ）的广泛运用。20世纪80年代，计算机网络技术发展，企业内部信息得到充分共享，MRP的各子系统也得到了统一，形成了一个集采购、库存、生产、销售、财务、工程技术等为一体的系统。以财务为首的非核心业务在公司内部的信息共享，使得将业务单元的一部分业务信息交由另一个服务中心进行处理成为可能。然而，在单独职能的支配下，这一阶段的共享服务模型主要以实现职能为要义，缺乏标准的、在企业范围内通用的一套流程。跨国企业即使设立了多个共享服务中心，服务中心之间也没有交流和细化分工，而是各自使用零散的技术，在知识孤岛、服务孤岛的条件下进行运营。

2）20世纪90年代后期至21世纪初期：区域型和职能型SSC，离岸中心

在20世纪90年代后期，公司开始通过一个全球职能部门负责人，如在首席财务官（CFO）、首席人力资源官（CHO）或首席采购官（CPO）的领导下统一业务支持服务、人力资源和预算，从而横向整合其后台职能，由此建立起的共享服务中心以职能为界，开始有能力提供离岸服务，而离岸的服务中心也具备了更多降低成本的空间。区域型共享服务中心开始出现，同时，一些业务流程得以跨国处理，共享服务中心针对其职能内流程进行细化分工、跨国合作，以降低成本并招募一批新的专业人才。然而，IBM（2011）指出，共享服务中心受职能限制的孤立状态仍未改变。

在这一阶段，共享服务的规模经济优势开始显现，以职能来整合的共享服务中心与原来各业务单元服务部门相比，员工规模更大，同时，员工大多是根据专业分工重新招募的专业人才。随着业务熟练度的上升，学习效益显现，共享服务模式下的服务效率提升和成本降低效果更为显著。

离岸服务的开展也使劳动力套利（labor arbitrage）成为可能，亚洲等劳动力价格低廉的市场成为跨国公司建设共享服务中心的选址目标，20世纪90年代末至21世纪初期，印度出现了第一批业务流程外包（BPO）公司：摩托罗拉和GE公司分别于1999年和2000年在中国建立了共享服务中心。低廉的劳动力为企业进一步节省了成本。

同一时期，企业资源计划系统（ERP）开始普及。Gartner公司于1990年提出的ERP系统是整合了企业管理理念、业务流程、基础数据、人力物力、计算机硬件和软件于一体的企业资源管理系统。同时，它也是建立在信息技术基础上，以系统化的管理思想，为企业决策层及员工提供决策运行手段的管理平台。共享服务模式被纳入管理框架中，其离岸外包的特性又受到了通信技术和计算机系统的支持。出现于20世纪90年代的电子发票技术配合ERP系统，提高了发票的流转效率。大型公司将共享服务模型与企业资源计划系统结合，获得了很高的效益。

3）2000年至2010年：全球型SSC，综合化

进入21世纪后，跨国公司在应用共享服务模式时，逐渐开始了对建立集成不同职能的“综合中心”的探索。IBM（2011）认为，共享服务模型可以将跨职能的交易活动和共同活动汇总到一个独立的业务单元——全球综合商业服务中心（GIBS）中。这意味着跨国企业将创建一个由新的全球领导运营的联合组织，它不再通过财务、人力、IT等职能界限来建设共享服务，甚至也不再以核心业务、非核心业务来区分共享服务的范畴，而是尝试整合所有业务流程中可以被提取的共同部分，将日常工作和常见的后台流程交给全球型SSC处理，剩下的业务团队将着重关注差异化因素和促进价值增长的部分。能被整合到GIBS中的职能包括采购、财务、HR、IT、法务、客户关系管理、数据分析和顾问服务等。

当企业建设全球型共享服务中心时，其目标已不仅仅是寻求降低成本了。通过对一系列业务流程的专业细分与重新整合，企业实质上完成了流程再造（BPM）和流程优化的过程，从而提高了原有的服务效率和服务质量，保持或增加了企业的竞争优势，为企业创造了价值。全球型SSC，特别是综合化各业务的GIBS将服务交付提升到了一个新的等级，

包含创新、端到端的整合和真正的全球化。它为企业优化业务流程和更好地利用业务视野提供了平台，从而使整个企业的业务开展更为智能、更具弹性。

这一阶段的共享服务中心与ERP系统的结合更为紧密。全球型SSC对业务支持服务进行了进一步的全面整合与专业细分，这使得ERP系统中的各个子系统内的信息需要进行更为全面、及时的共享。流程再造和流程优化的目标要求企业进行更为完善的价值链管理（VCM），同时，面向过程的工作流管理系统（WfMS）开始被企业所应用。自动化处理业务流程的工作流系统和作为信息共享平台的ERP系统共同作用，促进企业组织结构的进一步变革。

4）2011年至今：CoE的兴起

随着共享服务模式的不断成熟，更多公司的目光开始从成本节约转向了增加价值的角度，共享服务不再只是提供交易处理，他们开始作为专家为管理者提供服务，专业服务中心（CoE）兴起了。ScottMadden（2012）指出，专家服务中心通常由一个跨国专家团队构成，他们进行紧密协作，关注多个业务部门的特定重点领域，尝试规划企业的最佳商业实践方案，从而推动企业实现业务成果。

在专家服务中心兴起之前，企业建设的共享服务中心大多可以被归类为规模服务中心（CoS）或是交易性共享服务中心。规模服务中心处理的是企业内部重复、简单的业务流程，通过让业务单元专注于核心业务来为企业整体创造价值。专家服务中心则主要是负责应对复杂的、面向知识的业务流程，它的出现并没有过多地冲击原有规模中心的职能，而是与规模服务中心并行存在，一同被纳入企业共享服务体系中。以财务共享服务为例，当规模服务中心主要处理应收/应付账款、费用报销、员工薪酬和报税等日常财务流程时，专家服务中心在同步进行着财务计划与分析（FP & A）、税务战略、预算和行业预测等需要更多专业知识和经验的服务工作。

可以看出，专家服务中心的工作带有更多战略性的色彩，专家团队作为企业战略管理的一环存在，站在其专业角度，或是跨专业、跨职能地进行知识交互，为企业战略出谋划策，从而建立企业的差异化优势，为企业创造价值。

21世纪的第一个十年，也是各项数字技术在商业领域应用的爆发期，大数据、云计算、人工智能、机器人流程自动化（RPA）、区块链等技术相继被Gartner、德勤等咨询公司在报告中提及，后者识别出了这些数字技术在商业领域的应用潜力。

规模服务中心由于其服务重复、简单的特点，带有很高的自动化潜力。机器人流程自动化（RPA）软件作为自动化技术的一种，允许通过配置自动化软件和模拟人类在软件系统中交互的动作来执行业务流程，在应用程序界面上识别数据并像人类一样操纵应用程序。企业成功运用RPA和其他自动化系统，提升了规模服务中心的服务效率。大数据、人工智能等技术则为专家服务中心发挥职能提供了重要帮助：从全球实时回收的海量数据，针对数据的智能化的筛选与分析框架，让专家团队得以站在全球视野对公司战略做出规划，发现企业业务中存在的关键差异和核心要素，充分发挥专家中心的独特优势，进一步激发共享服务模式的价值创造潜力。

5）未来趋势展望：全球共享服务中心的虚拟化、数字化

共享服务的发展演变阶段如图2-2所示。

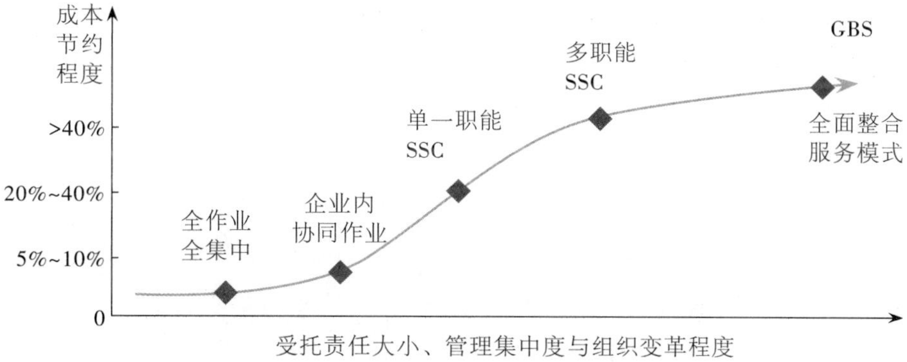

图2-2　共享服务的发展演变阶段

资料来源：MICHAEL S，ARNE W.Share services：multiplying success [EB/OL].[2016-07-02]. https://www.pwc.at/de/publikationen/financial-services/shared-services-multiplying-success.pdf.

共享服务模式从单一职能的SSC，到多职能SSC，并发展到GBS。随

着全球化和数字技术的发展，共享服务的高级形态：全球共享服务（global business service，GBS）[①]模式日渐成熟。与传统的SSC相比，GBS是一种混合模式，充分利用了现有技术和创新工具；包含更多的职能部门，甚至可以扩展到供应链；更具有顾客导向；提供的服务超越了交易职能，提供知识支持；关注文化建设和领导力；具有独立的领导核心以保证所有流程与企业战略统一、GBS与业务的沟通持续稳定。HP（2017）总结出优秀GBS模式的10个特征：（1）人才管理，强调留住人才，对有价值的员工进行跨职能能力培养，促进与业务的融合；（2）通过分析和其他非交易服务创造价值；（3）利用数字技术创造数字化服务场景；（4）无缝提供服务的管理模式；（5）强调关注顾客服务体验；（6）关注GBS与业务的战略一致性；（7）组织结构设计不断突破边界，兼具GBS、公司总部和业务单元的特点；（8）为提升生产力，既利用内部资源也利用第三方能力完成服务；（9）治理责任明晰，以驱动有效决策并成为业务伙伴；（10）端到端流程设计，关注产出价值，突破组织结构边界。其调查发现，敏捷性程度、顾客导向程度及数字化转型，是优秀的GBS的差异化优势。

全球共享服务关注跨越职能部门和地理分割实现端到端流程的顾客导向和数字化。许多领先企业不断致力于提高共享服务的自动化水平，并通过促进端到端流程变革、合并ERP系统实现整合等，来驱动数字化。共享服务的经营模式，从早期以提供服务为导向，转为流程导向，并逐渐形成数字化企业形式；其提供服务的方式，从早期的综合服务模式向全球网络转变，并形成了随时随地可展开工作的虚拟网络模式，人工智能、流程自动化机器人、智能分析等在工作中逐渐被应用。调研表明，在欧洲，许多企业的数字化转型在共享服务中心展开（SSON，2021）。

在发展过程中，共享服务中心的组织形式，从集中与单一职能向多职能过渡，并最终发展成GBS形式。这种形式将所有的非核心业务整合成稳定的独立服务组织，关注提供高度标准化流程、政策和程

① 其实质就是IBM所称的GIBS，不过当前GBS的叫法更为普遍。

序，关注持续改进。企业对流程观察敏锐，以顾客为中心，充分利用数字化技术平台。这些技术的应用，整合了专业的工具和系统，提高了流程效率和准确率。可以看出，随着数字化提速，共享服务的价值创造能力加强了，成为数字化转型的真正代表，促进了企业全范围的变革。

2.3　共享服务在中国的发展

1）1999—2004年：引入期

自摩托罗拉1999年在天津成立亚洲结算中心后，海外跨国大型企业接连在中国设立了以财务职能为主的区域型共享服务中心，以支持其在亚洲乃至全球的业务服务需求。跨国企业在这一时期选择中国，主要是为了享受国内相对低廉的劳动力市场和规模经济带来的利好，同时也是信息通信技术和ERP平台使离岸外包成为可能的结果；另外，这一举措也开始使共享服务为国内企业、学界所知。2000年，GE在大连成立了亚太区共享服务中心；2003年，埃森哲成立亚太共享服务中心，服务于10个亚太地区国家的1.4万名员工；2004年，惠普在大连建立财务共享服务中心，服务于北亚区的韩国、日本和中国机构。

2）2005—2012年：萌芽期

2005年，中兴通讯开始实施财务共享服务管理模式，标志着中国企业开始了对财务共享服务模式的探索。许多寻求转型的企业也纷纷开始接受这种新型的管理理念和组织结构，积极进行探索。2006年，华为在全球范围内统一规范，陆续建立七大区域财务共享服务中心。2007年，海尔在青岛成立了财务共享服务中心，开始推行共享服务模式。2008年，平安在确定了企业实施后援集中的战略目标后，积极引入了共享服务理念。2012年，万科、华润集团完成了共享服务中心的建设。

与此同时，外资企业也继续在我国设置共享服务中心：2006年，中英人寿在北京建立了财务共享服务中心；2009年，DHL、安永、美国百得集团纷纷在中国设立共享服务中心；2011年，澳新银行（ANZ）继班加罗尔和马尼拉之后在成都成立了第三个共享服务中心。外资企业先进的共享服务理念和前沿技术陆续引入我国国内，为处于探索期的中国企业开展共享服务组织变革提供了经验。

3）2013年至今：发展期

2013年和2014年，财政部分别印发《企业会计信息化工作规范》和《关于全面推进管理会计体系建设的指导意见》。其中，《企业会计信息化工作规范》第三十四条明确规定："分公司、子公司数量多、分布广的大型企业、企业集团应当探索利用信息技术促进会计工作的集中，逐步建立财务共享服务中心。"2015年，党的十八届五中全会首提"共享经济"已列入国家战略。在政策的关注与支持下，原本持观望态度的一些国内企业纷纷开始进行建设共享服务中心的实践。毛钰玮（2019）指出，国内由少数大型企业的实践探索转向了不同类型、不同行业、不同规模的中国企业对共享服务模式的共同建设，从而使得国内共享服务中心无论是在总量、规模，还是在运营技术等方面都呈现出快速发展的趋势。2013年，国美集团、永辉超市、联想等民营企业，中国南方电网、中国铁建等国有企业纷纷完成共享服务中心的建设；2014年，腾讯、美的集团、中国工商银行、顺丰控股的共享服务中心落地；2015年，TCL、万达、泸州老窖开始推行SSC模式；2016年，鲁花集团、碧桂园、紫金矿业、中国中铁建成共享服务中心；2017—2019年，海南航空、东方航空、贵州省烟草专卖局、中石油、马钢集团等相继建成共享服务中心（孙彦丛等，2018）。由于受政策影响较大，中央企业成为这一时期共享服务中心建设的先锋。《2019年中国共享服务领域调研报告——基于中央企业财务共享服务建设情况》表明，有48家中央企业已经建立或正在建立共享服务中心，占受调研中央企业总数的50%。截至2020年年底，中国境内共享服务中心已经超过1 000家。郭奕等（2019）认为，除了响应政策要求外，通过共享服务，尤其是财务共享服务模式来进行流程标准化、加强管控和降低风险也是央企热心于共享服务模式的主要原因。管理会计理论的引入和数字技术的发展驱动着民营、合营企业积极推行共享服务模式。随着《关于全面推进管理会计体系建设的指导意见》的出台和管理会计理论引入国内，企业管理层逐渐开始意识到诸如公司治理、流程再造、成本控制和风险管理等理论为公司进一步发展所能带来的战略意义，能够实现组织结构变革、提高公司业务流程效率的共享服务模式进入他们的眼帘；与此同时，出现了以金蝶、用友等为代表的国内ERP软件的推广，企业信息化的建设，以及诸如提供虚拟化客户端的云计算等数字技术在国内的普及，这些技术的引入和普及让企业能以更低的投入成本、更有效率的信息共享推行共享服务模式，从而使得国内企业对共享服务的兴趣愈来愈浓、进行组织结构改革的动力愈来愈大。

此外，相比于这一时期开始推行共享服务的企业，一些在萌芽期就积极进行共享服务建设的企业已经历了长足的发展，不断获得共享服务模式带来的巨大优势，成为新采纳共享服务模式的国内企业标杆。自2006年开始推行财务共享模式后，华为在全球建立七大区域财务共享服务中心，并确立了以专家服务中心（CoE）、业务伙伴（BP）、共享服务中心（SSC）为三大支柱的共享服务体系。最早在国内推行共享服务模式的中兴通讯最终于2013年发展为第一家以中国西安为总部、服务全球的财务共享服务中心；中兴通讯在全球财务共享的基础上，进一步建立战略财务团队、业务财务团队和专家团队，首创了战略财务、业务财务、共享服务和专家团队的全球财务管理模式，最终实现财务对公司战略决策和业务价值链的支持作用。

据中兴通讯等的调研报告，在财务数字化转型的新趋势下，共享服务中心不再是业务处理中心，而是企业的数字中心，汇集数据、算力和算法。未来的财务共享服务中心将通过一系列财务组织重构、业务流程优化、运营模式创新和智能化技术应用等，转变为企业的数据中心，成为企业数字化转型的竞争优势。

2.4　共享服务发展小结

我国共享服务发展时期及与国外共享服务的同期对比见表2-4。

表2-4　**共享服务在世界及我国的发展历程对比**

	1990s前期	1990s后期—2000s前期	2000s后期	2010s至今
共享服务在世界的发展				
业务性质	CoS，交易性	CoS，交易性	CoS，交易性	CoS&CoE，交易性与战略性
战略布局	区域型	区域型&职能型	全球型	全球型
职能范围	以财务、HR 为主	以财务、HR 为主	采购、财务、IIR、IT、法务、顾客关系等	采购、财务、IIR、IT、法务、顾客关系等
施行动机	降低成本	降低成本、提高服务标准	流程优化、创造价值	差异化、创造价值
理论背景	业务流程外包、专业分工	集权理论、标准化、规模经济、劳动力套利	流程再造、VCM	知识共享、战略管理
技术支持	MRP Ⅱ	ERP、电子发票	ERP、WfMS	ERP、WfMS、大数据、人工智能、云计算、RPA、区块链
共享服务在中国的发展				
发展阶段	/	引入期	萌芽期	萌芽期-发展期
阶段特点	/	外资在中国设立区域型共享中心	以中兴通讯、华为为首，国内大企业开始对 SSC 模式的探索	政策支持，全面发展，采用 SSC 模式的国内企业数量爆发性增长
代表公司	/	摩托罗拉、GE	中兴通讯、华为	新建成 SSC 的国内企业：联想、美的、腾讯、中国工商银行、中石油等；发展为全球型 SSC 的国内企业：中兴通讯、华为等
理论引入	/	共享服务模式开始被国内研究	企业管理理论发展	管理会计理论引入，共享服务理论发展
技术引入	/	ERP、电子发票	ERP、WfMS	ERP、WfMS、大数据、人工智能、云计算、RPA、区块链

资料来源：国外部分参考IBM，Today's shared services operating models：the engine behind enterprise transformation ［R］. New York：IBM，2011：5；ScottMadden.The next wave in Finance & Accounting Shared Services-establishing centers of expertise ［EB/OL］.［2012-08-31］. https：//www.scottmadden.com/wp-content/uploads/2012/08/ScottMadden_Next-Wave-in-Finance-Accounting-Shared-Services-_-2012_August.pdf.国内部分自行整理。

可以看出，共享服务从萌芽到发展，从分散到最终全球综合，甚至于形成全球商业服务模式来管理组织原来分散的各个职能的共享服务中心，最终已经超越了共享服务本身原来的定义范畴，成为企业价值的驱动者。因此，正如KPMG所定义的全球商业服务（GBS），这是一种资源、能力和系统的集合体，为组织里的诸如财务与会计、人力资源、采购和其他前台、中台和后台的商业流程提供服务。GBS更全面整合了共同的信息技术、商业流程、模式和领先实践，以便更有效地提供服务。通常这种服务是在全球范围展开，利用了共享服务、外包、云计算、智能自动化等多种技术的服务提供模式。

共享服务在全球的发展趋势呈现出了由区域化到全球化、由规模中心到价值中心、由成本降低到价值创造的特点。在早期，MRPⅡ、ERP、电子发票等技术使得业务外包成为可能，共享服务模式仅仅是企业用以削减人工成本、获取规模效益的工具。随着计算机技术的发展，离岸的信息传输和信息共享效率提升，伴随着标准化的需求，孤立发展的共享服务中心逐渐发展为区域型、职能型共享服务中心之后，工作流系统开始在企业实践中得到应用，在价值链模型和流程再造理论的驱动下，企业对服务业务流程进行了进一步的细分和整合，全球服务中心由此诞生；企业建立共享中心的目的逐渐从降低成本转移到了组织变革、创造价值。大数据时代的到来，云计算、自动化、人工智能和区块链等新兴数字技术在提高传统共享服务模式效率的同时，也促使了共享服务的新模式——专家服务中心的产生与发展，专家服务中心利用数据分析技术和战略管理框架，为企业在战略层面创造价值。

共享服务在中国的发展则体现出了一个创新的组织营运模式在新兴经济体中从引入到全面发展的过程。在引入期，外资企业为了节约成本，在中国建立区域型共享服务中心，使得共享服务的理念开始逐渐为国内所认知；自2005年起，以中兴通讯、华为为首的大型企业出于组织结构改革和标准化的需求，凭借前沿的企业信息化技术，开启了国内企业共享服务模式的探索。2013年，在政策支持下，采用共享服务模式的国内企业数量爆发性增长；管理会计理论的引入提高了管理层对企业管理的关注；ERP、大数据、云计算等数字技术的普及为国内企业发展共享服务提供了技术支持；在中兴通讯、华为等建设了成熟共享服务的企业带动下，国内企业开启了全面发展共享服务模式的时期。

结合共享服务在全球和在中国的发展趋势，我们可以发现：企业管理会计理论和数字技术始终支持着共享服务的发展与变革。其中，管理会计理论为共享服务的推行提供理论依据，而数字技术与共享服务互相促进、同步发展。ERP、电子发票的普及使得远距离信息共享成为可能，是企业发展SSC模式以降低服务成本的技术基础；而WfMS、大数据、云计算等数字技术则进一步激发了SSC模式的价值潜力，促进着共享服务模式上的一次又一次创新。这一发展趋势，与SSC成熟度模型所揭示的发展规律是一致的，即：随着企业内共享服务的发展越来越成熟，数字技术激发共享服务模式的创新，使共享服务中心的价值创造能力产生飞跃。当共享服务模式快速发展时，企业将产生新的需求，从而推动更多的数字技术应用到商业领域。数字技术进步推动共享服务的模式创新，而共享服务的创新又反过来驱动数字技术发展。

第3章
财务共享服务的文献综述

共享服务的出现将分散式的重复性业务集中处理，使得企业有更多的资源和精力投入到核心业务中。企业可以在各个维度上引入共享服务，实现业务的集中管理。由于财务职能，特别是其中的核算业务量大、重复性高，与实施共享服务的基本条件相契合，因此，共享服务广泛运用于财务领域。国内外学者针对财务共享进行了多方面的研究，包括财务共享的含义、财务共享与财务转型、技术进步与财务共享及财务管理创新、财务共享未来发展方向等。

3.1 关于财务共享的含义

Schulman等（1999）指出，财务共享服务中心将集团企业中杂乱无章的财务组织资源集中于单一的部门中，使内部其余部门获得更高水平的财务服务，从而实现降低成本、增大企业价值的目的。同年，他进一步指出，财务共享服务中心能够把企业集团中分散于各个部门的资源聚集起来，从而使企业集团内部各组织获得成本较低、质量更高的财务服务。

Kagelmann（2000）提出，财务共享服务的实质就是通过流程再造将分散的业务进行汇集整合，有利于优化企业资源配置并充分发挥企业的规模经济优势。

Bergeron（2003）认为，财务共享将不同业务单元的财务会计处理集中到一个独立单元中，由该单元的工作人员负责对垂直上下级的业务单元和横向跨区域的业务单元财务会计进行统一核算。

Connell（2010）认为，财务共享服务中心是介于企业业务单元与财务单元之间的中介单位，重中之重就是流程再造过程。

Hirschfield（2010）认为，流程再造可以将分散在各个区域的重复机构全部提取出来，安排在一个独立的机构中统一为其他部门服务。这种集中管理就是通过建立财务共享服务中心，达到企业集团统一管理、节约成本的目的。原来那些互相独立的职能单位，集中后可以增大集团数据库，提供更强大的数据管理服务，发挥出规模经济的优势。

Jassen等（2011）认为，财务共享立足于长远的经营策略，通过将企业分散的资源加以整合后再集中起来，以实现更好的资源配置，降低企业成本，提升经营效率和市场竞争力。

张高峰等（2003）最先在国内开始财务共享服务的研究，他们认为，财务共享服务中心既是一个独立的个体，又和企业集团是统一的整体，因为它是存在于企业集团内部但独立运行的部门。财务共享服务的运行机制同市场运行机制相同，客户可以自由选择服务供应商，但如果选择了内部财务共享服务，就要为所选择的服务支付费用。共享中心可以统一为业务单位中基础财务业务提供统一的服务，企业集团内部的其他业务单位没有必要设立自己的后台财务部门，他们可以从财务共享服务中心获得统一的服务支持。

吴益军等（2003）提出，建立共享服务中心对企业而言是一个非常大的组织变革，将原有的业务单位的一些后台功能从这些单位剥离，重新整合后，由共享服务中心统一向企业中的所有部门提供，使原有的工作程序、权限范围都发生了重大的改变。

陈虎（2008）认为，财务共享服务是把几近相同的业务集中起来，通过再造的标准化流程、设立的组织机构和新信息化系统建立财务共享服务中心，以达到降低成本、提高效率和加强集中管控的目的。

谢常嫱（2012）认为，实施财务共享的关键是利用新的信息平台系统对企业进行流程再造，完成管理变革，进而达到提升管理效率、降低管理费用等变革目标，让财务共享服务中心有更多的资源投入到能实现增值的服务研发项目中去。

张庆龙（2016）认为，财务共享服务就是把公司现存的、冗杂的、多余的、比较容易规范模板化处理的财务分析从零散的各项业务中挑选出来，汇聚为一个独立的、自主的业务管理模式，这样就可以达成效率和效益最大化、成本最低化、管理明确、满足客户需求的目标，从而使整个公司的会计管理有一个质的飞跃。

李雪娇（2017）指出，财务共享服务是在组织模式层面上的革新，因此相应的业务流程必然有所改变，财务和企业业务之间是否能够良好合作和互动是企业必须着重探讨的问题，同时也可能出现变更和业务适应的问题。

颜婕（2018）认为，财务共享中心是共享服务在财务领域的具体应用，是在财务历史变革发展中所形成的新型管理模式。

秦荣生（2018）指出，企业的财务共享服务平台是依托信息技术、云计算和大数据，以财务业务流程处理为基础，以强化管控能力、优化组织结构、提升流程效率、降低运营成本或创造价值为目的，为内外部单位提供专业化服务的分布式管理模式和平台。

国内外学者对财务共享服务的概念研究已经比较成熟，普遍认为财务共享服务是一种依托信息技术，通过专门的机构设置和标准化的流程再造，对重复、繁琐的业务进行集中处理，从而实现集中资源、降低成本、提高效率的目的，最终为企业创造价值的一种新型财务管理模式。其实质是流程的再造和组织的变革。如果结合共享服务的定义来考察，那么财务共享服务实质上是共享服务在财务职能方面的应用，因此也就具有前文所述共享服务的特征。

3.2　关于财务共享与财务转型

张庆龙等（2015）指出，财务转型始于财务共享服务。张庆龙等

(2018）认为，财务共享服务中心将成为未来引导企业集团财务进行转型的起点，也是管理会计落地实施的重要保障。释放核算型财务资源、实现财务转型始于共享服务。

ACCA（2012）的调研报告指出，财务共享服务是一种有意义的财务转型工具，是大势所趋。

Michael Klafft（2011）对财务管理的创新路径进行了研究。他提出，在技术不断发展的背景下，企业应该重视信息系统的运用和财务共享的流程再造，根据企业自身特点创造出适合自己的财务管理模式，满足企业的发展需求，而且这种财务管理模式必须建立在信息系统的基础上，才能保证其创新性和效率性。

关于财务转型路径，张庆龙（2017）指出存在三个方向：业财融合、资金管理向理财和战略型司库转移、财务商业智能转化。财务共享服务将集团集中管理应用于会计核算上，表面上是集中，实际上促进了未来高附加值财务人员的分散。他们分散到各个业务中心和地方区域公司，以更好地服务当地的管理层。因此，财务共享服务是财务转型的起点，为财务转型奠定了组织基础、信息基础和数据基础。

王兴山（2018）指出，财务、法务、IT、采购等的共享化改造是企业数字化转型的方向之一。财务共享将原来分散在各个业务单元的重复性和通用性工作集中后，使各个业务单元能更集中于核心业务。财务共享从管理、组织和数据三个方面为企业财务数字化转型奠定基础。财务共享是推动财务数字化转型的起点，是财务部门数字化的具体实现。

何瑛（2010）根据组织结构的不同，总结出财务共享服务的三种模式：实体模式、虚拟模式和混合模式，并指出财务共享服务的不同组织模式对公司组织变革的影响。其中，实体模式会使得企业内分布在不同地点的相关财务人员集中到一个单一地点；虚拟财务共享服务中心会使得组织结构扁平化、网络化和虚拟化；结合了两者的混合财务共享服务中心则是将财务的主要职能集中，其他职能分散。

崔永成（2019）主要研究财务共享模式中流程再造取得的成效，具体表现在业务财务一体化、财务报表一体化、总部决策透明化、战略纵向一体化等几个方面。其中，流程再造后，通过将业务数据与财务共享系统数据相衔接，数据采集自动化和前移，不再需要财务人员或业务人员录入或制作凭证单据，固化业务数据与财务数据的连接性，不仅提高数据信息传递的及时性，而且可以实时采集，与业务数据同步，全面提升财务共享系统信息的相关性。同时，计算机系统不仅自动搜集财务信息，还会产生大量的效率信息和人文信息，这些信息不仅为财务决策提供帮助，也为人力资源管理、工程项目管理以及科技创新等业务决策提供帮助。财务部门的职能延伸到相关业务的发生、执行与解决问题上，可以利用实时信息核算并监督经济业务，保障业财一体化，使得企业上下服务于战略决策，成功实现财务转型。

显然，基于实践，人们已经认识到，财务共享模式，不只是成本节约，共享过程中的组织流程再造和新财务管理模式的建立促进了财务的转型，甚至由于信息技术的应用，促进了企业的数字化转型。

3.3 关于技术进步与财务共享及财务管理创新的研究

财务共享的发展与财务管理创新，离不开信息技术的进步。

IMA（1997）认为，信息技术发展对财务职能的彻底重新设计提出了要求，企业应当将更多的资源集中在决策支持、战略分析、竞争对手分析、成本分析，以及为组织及其客户提供更大价值的新活动或现有活动中。为了实现这些目标，财务管理人员被要求在交易密集的领域提供相同或更高水平的服务，同时使用更少的资源。这些改进所节省的资源，或传统成本降低所获得的新资源，正被用于新的用途，为财务职能提供机会，并为其服务的组织增加价值。

Nicglooce（2008）提出，信息技术的发展必然导致自动化、智能化系统的出现，并由此将现阶段数据处理能力和分析能力提高到一个更高的水平，从而对企业财务管理模式带来前所未有的冲击，互联网与会计的融合即将实现。

Christauskas（2012）对中小型企业使用的会计信息系统进行调研后发现，云计算可以为企业财务管理提供新的技术支持。企业可以将主要信息系统装进云平台，以降低系统的维护成本和提高系统的性能效用。

马化腾等（2017）指出，在技术发展浪潮下，数字经济崛起，从而实现由“内部管控、服务业务”向“贴近客户、服务客户”的财务管理理念的转型，实现由传统独立的、部门化的、管控型的财务管理模式向融合式的、职能化的、服务与价值创造型的财务管理模式转型，也促进了财务管理工具的转型，例如使用财务机器人帮助企业解决烦琐重复的财务工作。

陈虎等（2019）提出，继会计电算化、ERP以及计算机网络的应用和普及后，“大智移云物”的出现进一步促使财务转型，逐步形成四位一体的财务管理模式，即公司层面控制管理的战略财务、全价值链财务管理支持的业务财务、交易处理为主的财务共享服务以及财务核心能力的专家团队。

段永毅（2019）认为，随着大数据、云计算、物联网、5G通信等技术的不断发展，各专业管理软件和管理模块在实践中不断成熟，企业各业务模块逐渐实现了信息化管理，利用现代化信息技术将业务与财务管理工作进行统合，使企业的人、财、物等要素统合在一个信息系统中，从而实现财务智能化，并进一步为财务机器人的应用奠定了坚实的基础。这种新型的财务管理模式使企业的数据计算分析能力与存储的安全性得以提升，节约了信息化成本，促进企业财务管理由集中、协同、共享到财务云的转型，对企业来讲也实现了以成本为核心、以资金管控为重点的现代企业管理战略转型。

李心合（2008）认为，在信息化建设的背景下，基于共享服务的财务流程再造，需要重点关注信息管理模式变革、财务体制重构、财务与业务的融合机制、内部牵制的外部化机制和集团风险管控等关键问题。在其研究的基础上，何瑛（2013）认为还需要关注企业集团的价值创造与协同效应问题，至少应从三个维度进行拓展：演进/动态观、内外结构观和价值创造观。在移动互联网和云计算背景下，以共享服务为基础、云计算为支撑的“财务云服务”加速了企业财务管理的转型，企业重新进行流程再造，将云计算与财务共享服务完美融合是财务管理模式进一步发展的趋势。

Cognizant（2014）的研究表明，通过应用SMAC（社交网络、移动互联、分析和云计算）技术于企业工作中，工作服务中心可以对工作流程业务实现标准化和自动化，同时，通过创新流程、降低风险和扩展收入来源创造更多的价值。此外，企业面临令人震惊的动态环境：全球化、经济动荡、新技术及人口结构变化，加上降低成本、快速实现流程标准化的压力，促使企业思考如何组织和执行其核心流程，并利用新技术强化流程，提高流程灵活性和组织的弹性。将经营工作与技术结合，这是财务共享的未来。

Cognizant（2016）的研究表明，共享服务产生的初衷在于通过规模经济降低成本和提高效率。然而，当前许多共享服务中心面临着创造差异化价值的挑战。要实现差异化价值，共享服务中心必须能够快速吸收数字化技术，包括“大智移云”技术，并能够解析人力资源、组织、流程和产品的数据。

刘涛（2019）认为，“大智移云”技术会促进公司财务共享服务不同方面的发展。大数据技术条件下的财务共享服务中心不再是功能单一的结算中心、费用中心以及报账中心，而是能为企业提供决策支持、提升价值的数据中心。企业借助人工智能发展，可以搭建基于业财融合以及人工智能的财务共享平台，前者将云计算、互联网以及智能化等全新理念融入企业的财务体系中，通过智能财务共享服务实施云端企业商城，后者可以对信息进行自主收集，并根据对信息的综合分析结果做出合理的经营决策与预测，提高企业管理会计水平。基于移动互联网技术，企业可以减少业务审批、费用管理和日常运营管理带来的资源消耗。在云计算技术条件下，企业将财务共享服务中心和各分、子公司的ERP系统整体迁移到云上，借助于云平台来交换公司之间的相关信息，实现企业整体信息系统的有机集成。他指出，“大智移云”技术条件下的财务共享服务是充分利用现代信息技术实现的高层次财务共享服务，企业应当注重业务流程的标准化和规范化，建立、健全数据安全机制等。

叶怡雄等（2019）认为，智能化财务共享服务中心将数据资源转化为推动集团企业持续创新发展的动力，打破了集团企业纵向与横向存在的信息壁垒，推动企业业务创新、流程再造和管理变革。人工智能在辅助决策的功能上有了前所未有的突破性进展，财务共享服务中心在财务核算、业务财务、战略财务及财务共享服务等领域为新IT技术带来各类智能化的应用场景。他提出，财务共享服务中心可以用规则化替代重复性人工作业，用机器学习来完善规则；利用大数据技术挖掘传统财务工作难以发现和利用的数据信息；利用财务机器人智能识别原始凭证，自动完成账务处理流程，并进行凭证审核，将财务人员从这些基础核算工作中解脱出来；利用物联网及会计引擎技术实现业务信息与财务信息的转译等。

国内外学者的研究一致认为，在信息技术快速发展的背景下，财务职能重构，包括财务共享的新财务管理模式形成。财务共享服务中心得益于信息技术的发展，实现了流程的自动化和标准化。并且，因为技术的进步，呈现数字化和智能化趋势，智能技术的应用颠覆了企业的传统财务管理流程，提高了财务处理的效率，增强了财务预测、分析和决策的科学性和准确性。

3.4 关于财务共享未来发展方向的研究

关于财务共享的发展方向，国内外有许多报告对财务共享或共享服务的应用状况做了调研，并就其未来发展做了展望。例如，HP共享服务年度业绩报告（2017）发现，未来GBS的数字化转型势不可挡。60%的GBS认为数字加工的标准化是数字化转型的主要考虑因素。

IBM（2011）回顾了共享服务的发展趋势后指出，下一代的共享服务，从对交易性和共性作业综合向全球综合商业服务中心（GIBS）转变，这一转变促使组织得以成为共享、互联和智能的智慧组织。

ScottMadden（2012）认为，共享流程不再只局限于交易性业务，也开始包含了专家业务，而有效的专家服务中心将采用共享服务交付模式，整个共享服务中心将包含交易性共享和专家共享，专家共享侧重于分析和解决问题。其后的报告（2017）指出，在过去20年里，财务共享中心主要合并的是标准化和自动化通用的会计作业。现在，更为成熟的财务共享中心提供更先进的能力，可以进行财务预测和分析。采用共享服务的形式，可以改进业绩，为顾客增加价值。新一代的财务共享服务已经出现了。

中兴通讯等（2018）发现，共享服务呈现数字化、智能化的趋势。企业积极利用大数据、人工智能等新兴技术，将共享服务中心打造成企业的数据中心和信息中心。财务部门将在共享服务的支持下，实现财务的工业化革命，建立企业的数字神经网络，利用数据进行管理、决策与创新。在组织形式上，共享服务中心将向人才中心、多职能中心、全球中心以及提供流程外包服务的方向发展。中兴通讯等（2019）指出，作为实现财务转型的重要平台，财务共享服务的业务范围由基础服务向增值服务发展，组织形态由实体中心向虚拟中心转移，服务媒介由PC端向移动端转移，定位模式由成本中心向利润中心转移。中兴通讯等（2020）指出，财务共享是财务数字化转型的基础，也是必不可少的一步。共享服务中心将转变为数据中心，成为企业数据化转型的竞争优势。

王兴山（2018）提出，未来财务共享服务模式至少出现四个方面的发展趋势：智能化、虚拟化、一体化和全球化。信息技术的进步，将使财务共享服务加速向自动化发展，常规的工作将由财务机器人替代，财务共享服务中心演变成财务自动化工厂。ERP系统的完善和互联网技术的发展，使财务共享服务中心的集中办公模式将被虚拟办公模式所取代，岗位呈现虚拟化和碎片化的趋势。一体化指多种共享中心（财务共享服务中心、HR、法律、IT和客户服务共享中心等）的集中发展。多个单独的共享服务中心演变成单个综合共享服务中心的趋势愈加明显。共享服务中心的服务内容除了交易性流程工作外，高价值流程工作也开始应用共享理念，业财进一步融合。全球化企业的产生则促进了共享服务的全球化。

张庆龙等（2018）指出，未来，财务共享服务将围绕云计算、大数据和智能财务、互联网+、管理会计和全球化等多个方面进行突破。

时广军（2016）认为，财务共享正从区域向全球发展，业务范围不断扩大，同时，其内部结构是否健全也显得越来越重要。未来研究应多关注财务共享虚拟化的可行性、影响因素、作用机制和运行路径等，特别要从实践经验的角度验证其效果，重视对个案的剖析和总结。

吉同池（2018）认为，就目前来看，绝大多数企业通常是依据区域进行划分，建立几个区域性的财务共享服务中心以覆盖全球业务。但随着未来经济全球化进程的进一步深化，尤其对于大型跨国企业而言，建立统一的全球性财务共享服务中心将成为趋势。未来信息化技术发展至一定高度时，财务共享服务中心所提供的服务极有可能实现全面的网络化与电子化，那时财务共享服务中心或将褪去实体化“外衣”，而衍生为完全的虚拟化业务场景，可最大程度突破地域限制瓶颈，并进一步节约运营成本，提升共享服务利润。此外，财务共享与人工智能的紧密结合，能有效协助企业管理层从海量财务数据中快速筛选出可用信息，并利用相应的数据处理与挖掘技术，为其决策过程提供智能化支持。

高菁（2018）认为，要想进一步提高效率、降低成本，跨国企业应该积极地关注人工智能的发展动向，并将其引进财务共享服务中心可更新使用的模块中。张培培（2019）认为，基于互联网和“云”的智能财务共享平台通过连接和数据共享，可以实现财务与业务的实时连带发生，颠覆了传统交易方式，消除了报销、报账等一系列非增值环节会计处理。智能财务利用大数据和人工智能技术，从本质上优化财务流程，真正意义上实现了业财一体化。姜浩（2019）认为，企业的财务管理可以依靠带有人工智能的财务共享服务中心来管理，需要相关企业积极对此进行研究，将该技术融入企业财务共享服务中心模块中，从而开发出人工智能的更多功能，促进企业财务共享服务中心的发展。

张培培（2019）认为，随着移动互联网技术的不断发展，去中心化和去中介化的模式已经成为现阶段财务共享服务的主要发展方向，在财务共享服务中心建立时，必然会出现大量数据处理工作，而大量数据处理工作正需要这种云端化的处理模式来完成，这样才能从根本上降低国有企业的运营成本，也为用户提供了更加高效的云端共享服务。

王振国（2019）认为，财务共享服务中心在建立之后会产生大量的财务数据，而这些数据往往需要借助云计算、大数据等信息技术进行相应的处理，所以，财务共享服务将在今后的发展过程中与云计算有机地结合在一起，不但可以实现稳定的云端共享服务，让企业的管理更加便捷、流程更加顺畅，而且其将成为财务共享服务发展的趋势之一。

总之，未来财务共享的内容将不断扩展，在经历了交易性业务共享之后，专家服务中心将产生。此外，覆盖范围将扩展至全球，从而为企业创造更多的价值。财务共享服务将适应信息技术的发展，组织形式将虚拟化、智能化和云端化。

通过本节的文献分析可以发现，关于财务共享的相关研究十分丰富。财务共享实际上是共享服务在财务领域的应用，不同的定义只是从不同角度对其进行解释。由于在传统的财务部门中，绝大部分的资源投入在会计核算这种事务性的、重复性的业务处理上，因此，财务共享服务往往从会计核算业务的共享开始。但是，随着财务共享本身的发展，其内涵实质上也逐渐突破了会计核算共享的概念。因此，本书研究财务共享模式的创新，对于财务共享的定义，也不局限于会计核算共享，而是囊括了财务职能中能够实现共享的部分。

财务共享对于企业财务转型有重要作用，可以降低成本、提高效率。并且，随着财务共享的发展，其包含的作业内容服务范围扩大，其作用也随之扩大到价值创造。财务共享的建设过程也是企业财务转型的过程。信息技术对财务共享发展和财务管理转型创新都有促进作用。未来财务共享将向智能化、全球化等方向发展。

尽管相关文献充分展示了财务共享发展的大趋势，但是笔者发现，就其发展与转型路径的影响变量研究，多数是零散的，尚未有模型和理论的解释，对于促进企业实践发展的指导作用有限。大量的应用案例只展示了企业的实践事实，对于其发展历程缺乏深入的分析。本研究将应用理论推导和实践证明的方式，来弥补这一缺失。

第4章
财务共享服务转型的理论框架

基于本书的研究需要，本章侧重从财务数字化转型背景来探讨财务共享服务转型的相关理论，以为后续的问卷调研和案例研究提供支持。

4.1 财务的数字化转型

随着企业数字化转型的深入，财务管理作为企业管理的核心内容，也面临着升级和转型，以智能核算、智能预算、智能共享和智能分析为核心的智能财务体系正在形成。Accenture（2019）的报告认为，当前的CFO主要关注三件事：财务数字化及利用数据的能力、引领数字化、培养未来的财务人员。财务的变革过去关注的是成本，现在已经向利用财务能力发展企业竞争优势转变。数字化使企业得以利用信息，财务则是信息集中之地。财务可以充分发挥数字能力以驱动企业的发展。从事后的报告到战略商业伙伴，再到价值创造的财务转型演变之路已经展开。第一代财务管理侧重提供财务与会计服务，第二代财务侧重提供业务支持，第三代财务发展成为商业伙伴，到第四代智能财务阶段则实现了数字赋能。在发展过程中，财务组织结合多种职能和数字核心成为平台型组织。技术不断演进，使该平台发展成为智慧平台，提供财务转型所需要的能力、灵敏性、速度和个性化特征。财务平台的形成始于流程自动化、标准化，利用机器人技术触发业务交易，并形成自动财务报告，构建数字财务能力。进而利用智能分析技术，财务成为强大的分析中心，进行智能预测，了解竞争优势所在，识别风险和机遇，提供可执行的、可视化的未来趋势，模拟新商业模式。再进一步，应用人工智能，结合组织和人员的变革，财务转型成为智能平台（如图4-1所示）。从中可以看出，在转型过程中同时开展的是业务流程、应用技术、数据和财务人才的变革。

The Hackett Group（2018）的研究发现，数字化转型加快了企业的变革，管理者希望财务部门能借助财务分析能力的提高，进而支持更快更优的决策、支持企业的战略和数字转型。财务职责不再只局限于“捣鼓”数字和编制报表。借助流程自动化和标准化，将日常重复性业务转移到全球共享服务中心（GBS），优化财务组织效率，提升顾客体验。这是财务的第一次转型。流程优化和改变服务交付模式后，财务部门得以利用先进分析工具分解大量的企业数据，并将这些数据转换成洞见（高明的见解），为企业创造成功机会。例如，可以利用复杂分析工具和预测模型预估顾客需求并帮助制定企业营销战略等。此时的财务进入了第二次转型（转型2.0）：从追求流程的卓越向成为企业商业伙伴转变，并成为企业变革的引领者。HP认为，财务二次转型存在四种驱动力：数字能力提升、顾客导向增强、与业务更好地融合、新的数据和信息管理基础。成功转型要求优化财务服务交付模式，更多地利用GBS和CoE。专家服务中心将专业活动集中，支持多种职能，促进新能力的快速发展，优化技能经济。全球共享服务中心（GBS）可以有效执行多种财务作业。由于变革快速，传统的线性变革道路已不适用。二次转型时财务部门开始采用敏捷变革模式，根据受影响的流程变革的准备度、成功的可能性和变革成果的重要性来选择变革入手点，从而更快实现成效、强化业绩。

刘勤等（2018）从信息技术角度来考察传统财务向智能财务转型经历的电算化、信息化和智能化过程（如图4-2所示）。电算化阶段是着重对数据的计算、存储和检索等的处理，通过软件实现部分核算处理的自动化，并不改变财务处理的流程和结构。进入信息化阶段后，ERP的应用促

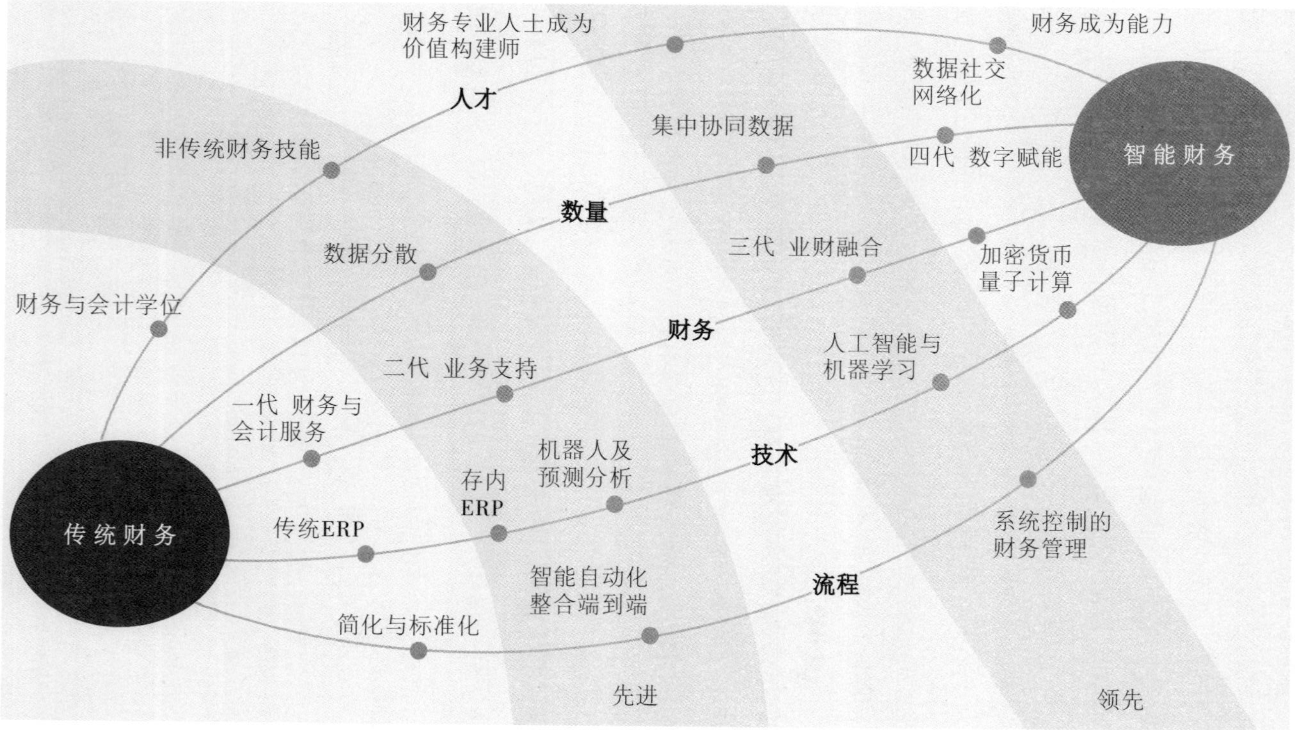

图4-1 传统财务到智能财务之路

资料来源：ACCENTURE.Value architects：digitally transforming finance for the intelligent enterprise［EB/OL］.［2019-06-13］. https：//www.accenture.com/_acnmedia/accenture/redesign-assets/dotcom/documents/global/1/accenture-value-architects-digitally-transforming-finance-intelligent-enterprise.pdf.

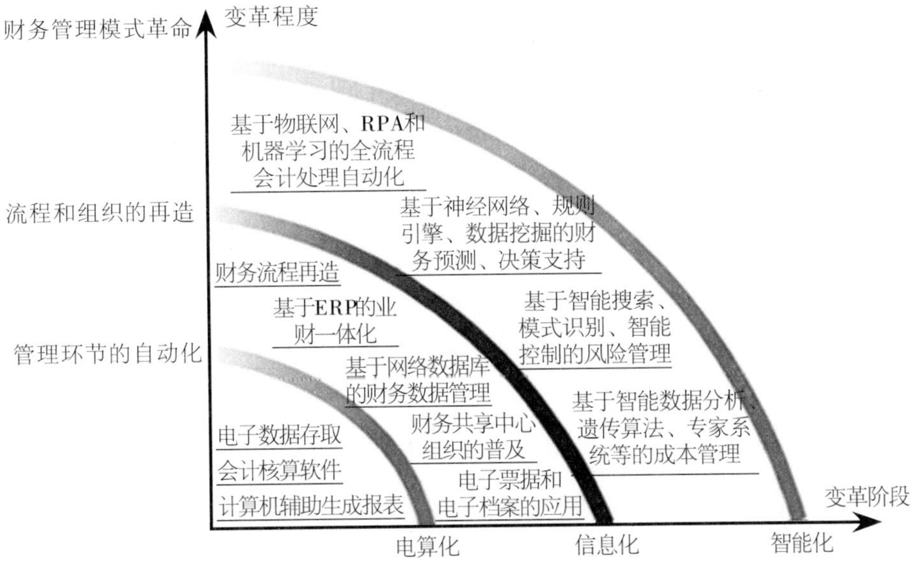

图4-2　财务电算化、信息化、智能化发展变革示意图

资料来源：刘勤，杨寅．智能财务的体系架构_实现路径和应用趋势探讨［J］．管理会计研究，2018（1）：84-90.

进了业务与财务的融合，并推动财务管理流程和业务流程优化，进而促进组织结构再造。随着“大智移云物”等技术的不断发展，财务管理面临着新的机遇与挑战，财务预测、风险测试与管理和管理决策等领域也有了更加先进的算法、模型和工具支持，这给财务管理带来新的契机，使其从信息化向智能化转变，最终推进传统财务转为智能财务。

曹仰锋（2019）认为，离开财务系统的变革，企业的变革无法成功。基于部门的战略维度和财务维度，将财务管理（financial management，FM）分为核算型财务（FM 1.0）、业务型财务（FM 2.0）、战略型财务（FM 3.0）和生态型财务（FM 4.0）四个层次。在第一层次，财务部门是企业战略和组织变革的观望者及企业价值的核算者，关注价值核算，关注价值评价和分配。到了第二层次，财务部门成为企业战略和组织变革的追随者及企业价值的驱动者。到了第三层次，财务部门成为企业战略和组织变革的引领者及企业价值的设计者，以变革型工作为主，关注企业价值创造。到了第四层次，财务关注着生态圈的价值创造和生态健康，财务管理系统演变成共享平台，为生态圈提供专业化服务和生态治理。在生态型财务时代，财务职能重构成一个三级平台体系——前台、中台和后台。后台是财务数据与智能平台，将人工智能技术融合到财务管理流程之中，为财务业务平台和共享平台提供数据。中台包括：预算与内控、金融与税务、财务共享服务中心和生态治理等面向业务的子平台。总之，在企业的变革道路上，财务部门从追随转为引领，为企业乃至生态圈创造价值，从而实现财务自身的转型。

综上，财务转型是企业数字化转型的核心。财务的数字化转型目标从成本节约、提高效率，转向了企业价值创造；其组织形式从单一职能部门向多职能协同的平台或生态圈转变；其人员从单一的会计人员转向了具有数字能力的专家；其流程，从手工转向自动化、智能化；其所使用的技术，也从信息化转为数字化并进而发展到智能化。

4.2 财务共享服务的发展路径

财务共享作为企业财务转型的出发点，共享同时也是财务数字化转型的一种组织形式。在信息技术的驱动下，财务共享的模式和价值也在不断演化。基于共享服务的发展历程，人们提出了各种成熟度模型来衡量共享服务的发展水平。

1）The Hackett Group的三阶段成熟度模型

The Hackett Group（2012）从六个核心要素——技术、服务设计、信息管理与分析、组织结构和治理模式、与业务的伙伴关系（业财融合）及人力资源——对全球共享服务（GBS）的成熟度加以评价，建立三阶段成熟度模型，把共享服务划分为单一职能卓越型、经营服务卓越型和组织战略赋能型三种（如图4-3所示）。

单一职能卓越型共享服务：单一职能导向，只从事单一职能，例如财务或人事，追求该职能业务的价值。

经营服务卓越型共享服务：流程和服务导向，将若干个职能整合到共享服务中心，通过端到端流程管理实现卓越经营。

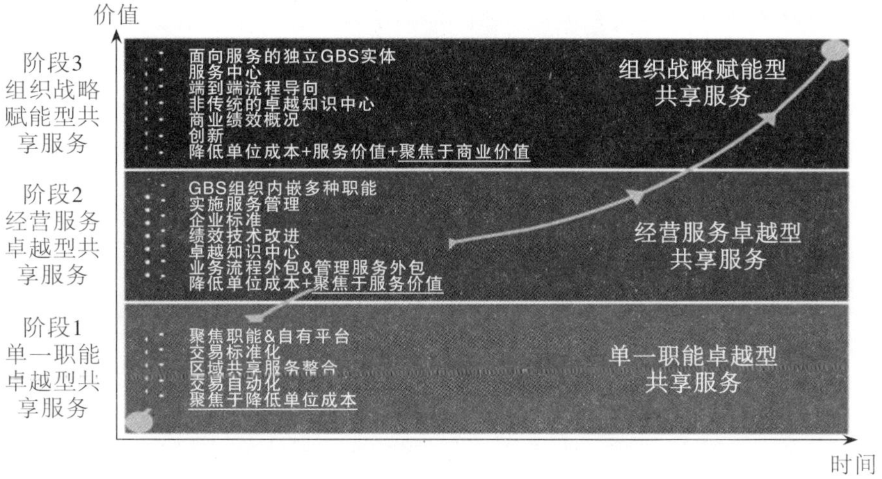

图4-3　The Hackett Group的全球共享服务演变模型

资料来源：THE HACKETT GROUP.Global business services transformation：are you taking the right steps to drive enterprise performance optimization and value?［EB/OL］.［2012-11-02］. https：//www.thehackettgroup.com/global-business-services/gbs-transformation/.

组织战略赋能型共享服务：价值导向，应用高级经营模式将经营服务与供应链整合，形成多职能的共享服务组织，为企业战略赋能。

企业刚开始建立的共享服务中心本质上是单一职能的工厂，通过整合资源、人员、优化流程等提高效率和降低成本。随着共享服务发展、逐渐成熟，开始从单一职能向多职能转变，并进一步与企业核心业务深度融合，与共享服务中心在价值链上下游形成合作伙伴关系。在这个过程中，无缝信息沟通必不可少。

HP的共享服务业绩报告发现了这三种阶段的共享服务的实践，并且，HP（2018）认为企业的数字化转型对GBS产生了重大影响。自动化工作流等数据技术相对成熟，但是，知识管理、认知技术、实时能力监控和预测性分析等先进技术的应用则相对滞后。GBS要成功，必须根据企业数字化发展程度重新评估其战略和价值主张，与IT协作，建设新的数字职能和数字能力，评估其在数据能力方面的差距，并根据价值分析做出改变，在数字方案中制订变革管理和沟通计划。

2）普华永道的财务共享服务的成熟度模型

财务共享服务是共享服务在财务职能中的应用。普华永道（2012）所构建的财务共享服务的成熟度模型，从八个维度分别对财务共享服务中心的发展状况进行评价，具体如下：

（1）战略，包括FSSC选址和排序标准、实施FSSC的战略、对FSSC的实施目标完成情况按当前状况与成立之时的进行对比。

（2）组织结构与治理模式及合规性，包括FSSC的性质（定位为成本中心或利润中心）、提供的服务的成本分配方法、服务水平协议（SLA）的范围和修订周期、是否以流程所有者方式管理流程、FSSC的治理模式、流程合规性的监督与自动化控制手段的应用情况。

（3）持续改进，包括对成本和质量的系统和定期分析、持续地寻找和实施优化方法、利用质量改进方法和计量FSSC是否完成目标的方法。

（4）业务流程，包括FSSC内部流程标准化和自动化程度、FSSC外部上下游流程标准化和自动化程度、流程文档管理水平。

（5）顾客关系，包括顾客结构（内部与外部）、FSSC内部的服务构成与顾客导向、顾客管理所用工具。

（6）业绩管理，包括在用的业绩管理系统的复杂程度、业绩评价流程的透明度、经营和战略管理的信息的可取得性、可计量业绩目标的定义和对目标达成情况的监督、FSSC内部使用财务控制系统的程度。

（7）人力资源管理，包括根据员工团队的不同利用不同的培训工具和培训形式、FSSC内部管理者与员工之间的沟通质量、对员工的业绩评价、采用设定的培训指标体系方法和使用员工满意度调查。

（8）系统和技术，包括流程自动化与IT系统标准化程度、IT系统的持续优化、工作流和集成ERP系统的利用程度、IT治理支持财务控制流程。

共享服务能力不同，在各个评价标准上的表现水平将出现差异，进而区分并确认出财务共享服务中心的四阶段成熟度模型。

将财务共享服务中心的发展分为四级，分别是初级、发展中、高级和商业伙伴。在商业伙伴这个阶段，能为企业创造价值，也被称为第二代的财务共享服务中心（一代是职能集中、成本节约）。普华永道（2016）后续的研究表明，随着组织和管理变革，共享服务的发展始于将业务集中，在企业内部实现整合协同，进而发展成为单一职能的共享服务（如财务共享、人力资源共享等)。得益于人工智能技术，更多、更复杂的业务也可以实现自动化。共享服务的范畴，从交易性流程扩展到知识基础的流程(专家服务中心产生)，再发展成多职能的共享服务中心，最终形成全面整合的全球商业服务中心（GBS)，而此时在共享中心实现了各个IT系统的整合，职能部门之间在端到端的基础上进行合作。共享服务存在工业化趋势，共享是全面自动化的一个中途点。

3）KPMG的GBS五阶段成熟度模型

KPMG（2016）基于从2012年开始的世界500强和《财富》1 000强的企业调研，其评价点包括服务种类、数据分析、人员管理、流程技术等方面，提出了从分散到综合的五阶段成熟度模型（见表4-1)。

表4-1　**KPMG的GBS五阶段成熟度模型**

次优化阶段	合理化阶段	优化阶段	战略阶段	综合阶段
分权的服务提供模式，职能、流程、技术重复设置	合并服务模式	职能导向	企业范围内多种职能的服务提供平台，协同流程技术和治理模式	企业范围内多种职能的服务提供平台，协同流程技术和治理模式
总部缺乏对业务支持单元的控制和治理	业务单元将重复交易服务，通过共享服务或外包实现规模经济效益	各种形式的GBS，包含的流程、技术、治理和标准化水平各异	多渠道交付模式，以实现规模效应和提高适应性	多渠道交付模式，以实现规模效应和提高适应性
	通常单一职能并呈现区域型	非整合的内部能力	内外能力整合平衡优化	内外能力整合平衡优化
不考虑外包	通常利用外包	战略性利用外包	全球流程管理者	全球流程管理者
<10%	20%	25%	25%~30%	40%以上
降低一次性成本	劳动力套利，规模，分散固定成本	进一步获得劳动力套利，提高流程效率	优化运营资本	实现价值创造

资料来源：KPMG.Global business services-maturity assessment［R］. KPMG，2015：1.

第一阶段：次优化阶段。此时开始集中流程和服务，但是，职能、流程和技术重复设置，缺少来自于公司总部的核心控制与管治，不外包，带来的好处是减少成本。

第二阶段：合理化阶段。合并交付服务模式，经营单元对高度交易性业务实施共享服务或外包以获得规模经济，关注单一职能并将共享服务建立在区域基础之上，战术性利用外包。

第三阶段：优化阶段。职能导向，联系松散。共享服务包含的流程、技术、治理和标准化的内容和水平存在差异，内部能力尚未整合，战略性利用外包。

第四阶段：战略阶段。企业范围内多职能的共享服务平台，流程、技术和治理协调，多种交付渠道以获得规模效应和提高适应性，内外部能力综合优化平衡，全球流程管理者。

第五阶段：综合阶段。企业范围内多职能的共享服务平台，流程、技术和治理协调。组织内全面推行多种职能的交易性和专家商业服务模式，相互协调的流程、技术和管治模式，按需提供服务。共享服务发展为全球性的流程管理者。

各个阶段发展如图4-4所示。共享服务的发展早期关注效率，通过标准化、简化、规模化、劳动力套利、透明和控制来实现价值，中后期则通过端到端优化、敏捷、分析、洞察力、创新、治理和合规等来实现价值。技术架构强化用户体验、提高生产率、使主数据标准化，并为商业洞见赋能，推动共享服务的发展。各个阶段的共享服务给企业带来的好处各异：第一阶段降低一次性成本；第二阶段带来劳动力套利、规模，分散固定成本；第三阶段进一步获得劳动力套利，提高流程效率；第四阶段优化运营资本；第五阶段实现价值创造。其中，第一到第三阶段的共享服务关注的是效率，通过标准化、简化流程、规模、劳动力套利、信息透明和控制来实现价值，而第四和第五阶段关注的是结果，通过端到端流程优化、灵敏度、洞察力、分析、创新和治理等来实现价值。从第一阶段到第五阶段的发展，企业经历了分散式共享到地域型共享再到全球辐射型共享，从单一职能向多职能的发展。此外，KPMG指出了财务共享服务中心的发展路径：从第一阶段服务职能分散，到第二阶段职能共享服务，再到第三阶段多职能的共享服务。这是共享服务进一步发展的重要转折点。此时，共享服务面临停滞不前的风险，如能越过这一障碍，就可以进入综合服务和全球共享服务阶段，从而进入从追求效率转为追求价值的阶段。KPMG在其2016年的报告中指出，成功路径取决于三个因素：设立CXO级别的全球共享服务中心，提高组织能力以优化GBS的治理，充分开发利用RPA和先进认知技术来提高GBS的成熟度。

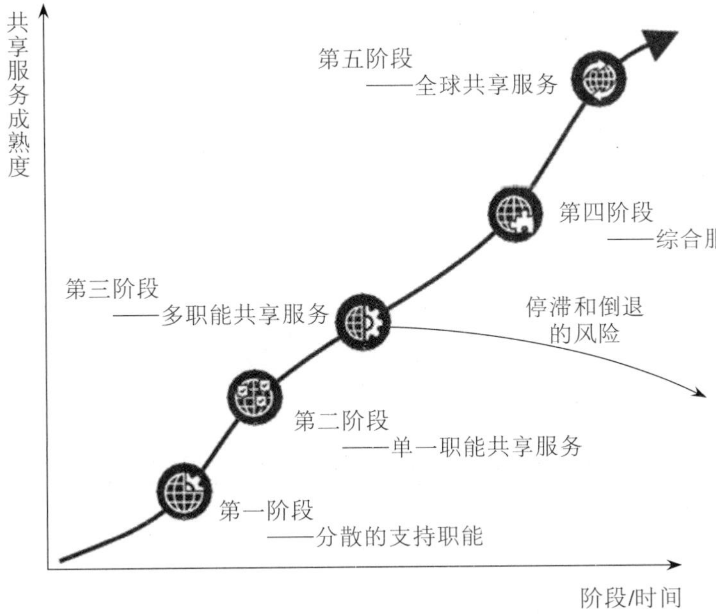

图4-4　GBS成熟度发展曲线

资料来源：KPMG. Global Business Services—maturity assessment [R]. KPMG, 2015: 1.

可以看出，信息技术的发展赋予了财务共享更丰富的内涵，对企业的财务转型起着巨大的推动作用。贾小强等（2020）将财务共享的发展分为共享、互联和智能三个阶段。具体而言，第一阶段的财务共享依托信息技术，实现了财务业务的集中处理和流程优化，其核心是“共享”；第二阶段的财务共享通过财务业务系统的自动化和协同化内联企业业务系统，外联商旅平台和税务平台，实现了业财税一体化的财务共享，其核心是“互联”；第三阶段的财务共享在各个应用场景深度融合大数据、人工智能、内存计算和智能引擎等新技术，实现了业财税深度一体化的智能共享，其核心是“智能”。

秦荣生（2018）指出，财务共享服务平台应不断进行升级再造。在财务共享服务1.0时代，它将财务核算、费用报销、资金管理等诸多职能通过财务共享服务中心的方式实现了平台化支持。在财务共享服务2.0时代，财务管理应在决策支持、财务战略、成本管控、资金使用、业务分析和支持上发挥作用，此时的管理会计与企业司库职能会得到充分发挥。在财务共享服务3.0时代，以物联网、数字化和智能化等技术为手段，将与财务有关的所有环节打通与连接，并做到自动独自拆解、分析与数字化处理。这个分类，其实与贾小强的分析基本一致。

综上所述，财务共享的发展，从流程自动化开始，逐步与财务数字化转型融合。从组织结构看，已经超越了单一的财务共享的范畴，成为全球共享服务中心。随着技术的进步，该服务中心正向智能平台转变。国外关于其发展的几个模型，侧重从组织结构阐述，而从共享平台到智能平台转变的划分，则是从技术变革角度进行的阐述。通过成熟度模型和相关评价指标的分析，有助于我们了解并设计调研分析的量表参数。

4.3 数字技术驱动财务共享的转型发展

财务共享模式的演变，其实也是财务数字化转型的历程。财务共享的发展驱动力之一为信息技术的发展。财务共享从流程标准化、自动化变革开始，进而带动了组织变革。技术为财务共享赋能，并促进了财务共享服务中心向智能平台的转变，实现财务的数字化转型。到这一阶段，财务共享的发展与财务数字化转型已经融为一体了。

1）信息技术的发展

企业数字化转型的重要技术支撑是信息技术。自20世纪50年代以来，源于信息技术的第三次革命掀开了企业信息化的发展篇章，并历经“电子化—信息化—数字化、智能化”几个阶段。

（1）业务电子化。在该阶段，企业的日常手工业务流程转化为机器操作，包括财务的电算化、生产制造自动化等。其特点是事务驱动，通过将原来的线下事务转移到线上，可以在一定程度上提高效率，实现企业数字加工电子化。这是信息技术的单项应用，也是企业入网的前提。但是，该阶段还存在诸多问题，如系统建设没有计划性与条理性、缺乏组织性、业务线随意建设系统以及系统重叠严重等。

（2）流程信息化。该阶段企业进行管理重组和管理创新，并结合IT优势将业务流程固化。其特点是流程驱动，打破部门壁垒，实现整个企业的业务流程信息化，如引入ERP、SCM等系统。这是企业网络化建设与应用的导入阶段。信息系统呈现集中化、集成化、专业化和规范化等趋势。集中化是指在企业内部，将各分、子公司的应用系统集中到集团；集成化是指建立一个SOA或ESB体系打通系统之间的数据传输；专业化是指按照专业来划分系统；规范化是指建立企业标准。当前，大部分企业信息化已经达到该阶段，不过各个系统之间的信息壁垒仍然存在。

（3）业务和管理数字化、决策智能化。该阶段企业利用机器人、通信和网络等数字技术，整合企业的采购、生产、营销、财务与人力资源等信息，整合企业管理各个环节的工作，消除“信息孤岛”，系统形成价值链并按照“链”的特征实施企业的业务流程。此时，企业能灵活应对环境变化，持续改善业务流程，并获得持久的竞争力。这是进入智慧企业的前提条件。

信息化演进的最终阶段，则是进入智能化，其特点是数据驱动。运用人工智能、大数据、机器学习等先进的信息技术，对企业组织、流程和规则进行重构，从而促进企业经营和管理的智能化。在智能化阶段，企业可以通过IT架构，利用精准数据实现业务重塑，探索全新的商业模式，更加关注企业生态圈，建立起企业平台，实现脱媒、分解和虚拟化等变革。

企业信息化发展从电子化到智能化的重构，为企业进行数字化转型（含财务数字化转型）提供了强有力的技术保障，推动企业向服务共享化、业务数字化、管理智能化和企业平台化的方向发展。

2）信息技术对财务共享发展的影响

如前所述，从信息技术发展的层面考察，传统财务向智能财务转型经历了电子化、信息化和智能化过程。电子化阶段着重对数据的计算、存储、检索等的处理，通过软件实现部分核算处理的自动化，并不改变财务处理的流程和结构。进入信息化阶段后，ERP的应用促进了业务与财务的融合，并推动财务管理流程和业务流程优化，进而促进组织结构再造。人工智能技术的发展，给财务管理带来新的契机，使其从信息化向智能化转变，最终推进整个财务管理模式的变革。企业进行智能财务建设也可以遵循这样的发展道路。

数字技术，如RPA等，帮助共享服务实现了流程的标准化、自动化，工作效率大大提高，从而能处理和存储更多的数据。更重要的是，引入智能技术，对数据进行分析及利用，可以促进流程的进一步变革并增加收入。当大量流程实现标准化和自动化后，专业服务人员就可以将精力集中于企业的核心业务。通过对流程数据的分析，可以洞察新的机会。通过对标，可以了解最优实践，并通过技术平台在任何时间、地点与服务对象（内部顾客）进行沟通。而当共享服务中心进一步发展，跨国企业的全球资源跨越不同职能，形成全球共享服务中心时，技术更是发挥了重要作用。利用协同工具和网络进一步整合资源，需要克服不同时区、不同文化背景和不同用户的差距，需要跨文化的沟通与协调。技术成为SSC全球化的加速器，而全球化反过来又能提供更多的基于业务经营的数据，从而促进价值实现。

技术对财务共享发展所起的加速作用如图4-5所示。

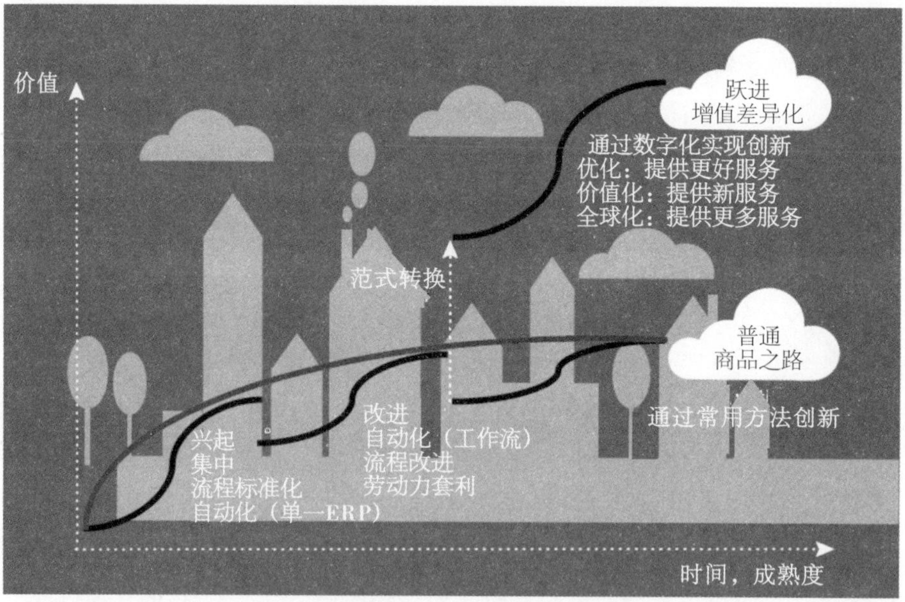

图4-5　通过数字技术创新推动差异化增值

资料来源：COGNIZANT.Shared services：how digital can accelerate the leap to value-added differentiation［R］. New Jersey：Cognizant，2016：4.

影响SSC变革的主要技术如图4-6所示。

图4-6 影响共享财务转型的主要技术及影响路径

资料来源：COGNIZANT.Shared services：how digital can accelerate the leap to value-added differentiation［R］. New Jersey：Cognizant，2016：14.

Cognizant（2016）的研究报告指出，如果只是单纯依靠传统技术来整合和经营财务共享服务中心，那么最终这些中心只能走向普通的经营体道路。共享服务的关注点在于服务流程，但是过度追求服务流程标准化带来的成本节约，将使企业难以应对无所不在的全球化、经济的不确定性、层出不穷的新技术和人口结构的转变。僵化的流程将成为组织应对新经济环境所需要的弹性和灵敏度的阻碍。Cognizant（2014）的研究报告指出，共享服务的发展已经到了一个新的转折点，需要将其角色定位从成本节约向价值创造转移，充分利用数据技术展开流程创新、风险管理并重新规划收入来源。

Cognizant（2016）指出，借助技术可以帮助共享服务中心实现三个目标：

（1）优化：企业流程从简单流程转化为职能流程（改进服务）。

（2）价值实现：从提供服务向为核心业务提供支持转变（创新服务）。

（3）全球化：从地区的单一类型服务提供者向全球化多元服务业务提供者转变。

总之，数字技术进步驱动企业的数字化转型，同时也驱动着共享服务的转型变革。共享服务使经营数据得以集中，借助数据技术可以促进流程优化、创新服务、价值实现，并推动共享服务的全球化模式的转变。

4.4 财务共享转型路径模型的设计

对比传统财务的数字化转型路径与财务共享的成熟度发展模型，可以发现财务共享的发展与财务数字化转型融合。财务共享服务为技术发展所驱动，并逐渐成为企业变革的引导者。数字技术发展促成了财务共享的产生、推动智慧平台建成、促进财务共享升级，最终走向智能财务平台。数字化转型，属于企业变革。要成功转型，不仅要对IT，还要对组织活动、流程、业务模式和员工能力的方方面面进行变革。

1）组织变革理论

组织的变革，是其为适应内外部环境的变化而对组织的目标、结构、技术、任务以及人员所作出的各种挑战、改变和创新。

美国管理学家Harold Leavitt（1965）最早提出了人员、流程和技术（PPT）的变革框架，之后又进一步提出：组织是包含任务、技术、结构和人员四个重要变量的系统。四个变量具有很强的依赖性和相关性。任何一个变量的变化都可能引起其他变量的变化。组织变革有时主要针对一个变量，有时借助一个变量的变革来影响其他变量，有时对多个变量同时实现变革。成功的组织变革包含四个要素：组织结构、任务、人员和技术。在此基础上，组织变革可以归纳为三种形式：以组织结构为重点的变革、以任务和技术为重点的变革及以人为重点的变革。

财务共享是财务转型形式，包含组织结构、业务流程（任务）、人员和技术的变革。考察财务共享的发展，需要从这些层面去分析。

（1）组织结构

财务转型过程中，几乎都会涉及组织结构的改变。组织结构变革是推动财务转型的重点。组织结构变革，一般包括企业内部组织结构的改变、组织边界模糊化造成的结构形式的改变和组织设计的改变，如企业内部部门重组、企业结构扁平化等。财务共享的发展，可能会造成组织部门结构的精简与新增等（马会娟，2019）。

（2）业务流程（任务）

20世纪90年代，美国麻省理工学院教授迈克尔·哈默（Michael Hammer）和CSC管理顾问公司董事长钱皮（James Champy）在《企业再造》一书中提出了企业流程再造理论（BPR），他们认为，企业流程再造乃是“对组织的作业流程进行根本的再思考和彻底的再设计，以求在成本、质量、服务和速度等各项当今至关重要的绩效标准上取得显著的改善”。财务共享的发展，通常包含企业利用先进的信息技术和管理手段，对其内部现有的业务流程进行再造与重塑，对组织业务流程体系进行变革的过程。

（3）人员

“人”在组织变革中也是一个非常重要的因素。研究和实践表明，组织变革经常会导致员工产生一些消极的心理反应，例如否定、抵触等，这些反应是组织成员视角评价变革的一种标准，是对企业财务和绩效指标的有力补充（Armenakis，2010）。财务共享的发展在提高员工工作效率的同时，也可能会带来裁员、人员转岗等问题，触发员工对财务转型的抵触心理，在进行分析研究时不能忽略。

（4）技术

组织变革的技术决定论观点认为，信息技术是组织变革的根本动因，它将改变组织形态和管理工作本质。财务共享服务在西方早已有之，在当今时代需要进行数字化转型，这与企业所处的阶段、周围的环境变化有着直接的关系。其中，最为重要的是信息技术环境的重大变化，它颠覆了对传统财务、传统企业管理的认知，使过去的不可能成为可能（张庆龙，2020）。不断发展的信息技术是实现财务共享服务数字化转型的主要支撑与驱动力。融入了新技术的财务共享服务也为企业带来越来越多的价值。

2）组织创新理论——TOE理论

财务的数字化转型，是借助数字技术实现的价值创造，是一种组织的创新，而组织创新可以借助Tomatzky和Fleischer在1990年提出TOE框架（Technology（技术）、Organization（组织）、Environment（环境））来分析。该模型最开始是主要强调信息技术本身对技术采纳的影响，之后开始考虑组织因素、外部环境因素带来的影响。该理论应用于解释组织的技术整合和采纳行为。

（1）技术是组织创新的主要因素，通常指技术与组织的关系以及技术本来的特点，既涉及现有的技术使用状态与组织匹配的情况（如兼容性、技术成本），也涵盖尚未采纳技术的特征（如有用性、易用性、相对优势）。但组织层面采纳创新技术不只受到创新技术自身的影响，同时也受到组织的组织因素和组织所面临环境因素的影响。通常考虑的组织因素主要聚焦组织自身的情况，如资源（物质及财务资源）、组织特征（如组织规模、组织性质、高层管理者态度及组织文化）、组织结构（如管理模式、沟通机制）等。环境因素则通常考虑组织的制度环境、行业环境、竞争压力、潮流趋势及政府支持等。

（2）组织对创新结果的采纳并非一个简单的实施或不实施的二元抉择，创新在组织中扩散同化，要想在组织当中发挥作用，与组织进行创新的程度有很大的关系，创新结果在被组织采用之后，还需要进行更深入的应用，才会给组织带来明显的绩效改变。

TOE框架作为一项综合性的技术应用情境分析框架，具有广泛的适用性和较强的操作性，能够系统地考察技术属性以及组织内外部因素对创新性技术应用的影响，还能根据研究问题、研究背景以及实际情况自由地将各类因素放置到技术、组织、环境三个维度中进行分析。由于该框架所具有的这些特性，目前已经被广泛应用于不同领域内信息系统创新运用的影响因素研究当中（翟元甫，2020）。财务共享的本质是由信息技术推动的运营管理模式的变革。

财务共享服务中心是一项技术推动的管理创新，飞速发展的新技术为企业财务转型提供了更强大的技术保障与支撑，财务转型使企业更为敏捷智能，为企业创造价值。如果从技术层面考察，可以借助TOE框架来分析财务共享的发展。

3）组织结构的平台理论

张庆龙（2020）指出，企业的数字化转型，不仅仅是信息技术的变革，更是企业对其组织活动、流程、业务模式和员工能力进行一次系统的、彻底的重新定义。国际数据公司（IDC）（2018）同样指出，数字化转型除了最具时代特征的技术变革，还应包括业务和组织的转型。IDC认为，企业通过组织结构的转型，能实现用户体验的改善、商业流程的优化、营销能力的提升、管理控制的加强以及商业模式的改变。

在互联网时代，顾客的需求变化越来越快且更加难以捉摸，单靠企业自身所拥有的资源、人力和能力很难快速满足顾客的个性化需求，这就需要打开企业的边界，建立一个更大的商业生态网络来满足顾客的需求和价值。廖建文（2012）认为，传统的组织结构为线性价值链模式，在互联网时代则逐渐转化为商业生态网络，也称商业生态圈，即指企业与其各利益相关者共同建立一个价值平台，这一价值平台有撬动其他企业的能力，从而形成一个能够创造价值的系统。廖建文（2016）指出，平台生态圈是数字经济时代发展下孕育出的全新商业模式，已经超越了传统意义上组织的边界，更强调的是共生、互生、再生的精神。无边界、网络化和平台型，已经成为越来越多企业在当今时代进行组织架构转型的方向。

平台，通过开放端口和实施相应的免费补充策略吸引参与者加入其所形成的双边市场中，可以是产品、服务、组织，也可以是商业模式和战略。徐晋等（2006）认为，以云计算和大数据为代表的信息技术极大地推动了平台的发展。企业组织架构转型，正逐步从产品平台或虚拟平台发展成平台企业，并壮大成为平台生态系统。

平台型组织转型中逐渐出现了前台、中台和后台的区分。中台概念是对市场需求快速响应的前台与架构相对稳健但反应相对滞后的后台之间妥协并进化的结果，其产生的核心思想是“共享”和“复用”（陈虎等，2020）。前台通常是指面向客户的市场、销售和服务部门或系统，后台则是指技术支持、研发、财务、人力资源和内部审计等支撑部门或系统。在传统架构中，前台需要得到后台的指令，但后台更强调标准和规范，因此对前端市场的反馈速度相对较慢，导致前台无法满足客户需求。因此，中台概念应运而生。中台处于前台与后台之间，既能对前端的需求做出快速反应，又能给后端管理系统做个缓冲，体现出极高的建设价值。

财务共享的转型发展，也可以从其组织结构的变革角度考察。张庆龙（2020）认为，财务职能从传统的金字塔模式开始，通过流程标准化，将事务性工作与其他工作分离开来，形成集约共享。之后，在共享服务的支持下，财务职能和财务架构开始分化，形成共享财务、业务财务、战略财务“三分天下”的财务管理模式。其中，业务财务与战略财务的比重明显增加，而以承担核算功能为核心任务的共享财务比重大幅下降，从而使得新的财务组织从传统的金字塔形结构转变为橄榄形结构。

为了响应和引领顾客需求，企业不断创新业务模式。平台组织中的前台的业务和公司战略面向市场，需快速敏捷地作出反应，对财务部门提出了更多的需求。企业需要财务中台应对前台需求实时配置财务资源，提高支持和协同业务与经营的能力，满足前台以顾客为中心的持续创新的需求。财务中台需要拥有敏捷的资源配置能力、灵活的服务交付能力、高效数字协同能力，以及整合共享各系统所生产的数据构成数据后台，进而形成大共享中台。共享平台整合了会计核算、资金管理、税务管理、管理会计和工作流平台等，满足前台业务需求。财务共享服务中心建设本身即是企业中台建设的核心内容，也是财务从传统财务到智能财务的数字化转型的必经之路。智能财务反过来又促进了业财的深度智能融合，为业务赋能，与业务共创价值。

在财务共享服务的发展过程中，最终形成了智能共享平台，成为组织生态圈的重要组成部分，形成了组织结构中台的重要基础。

4）财务共享转型路径模型

基于前述理论，以及财务共享的发展成熟度和技术的作用，同时考虑财务数字化转型的路径，本书构建了财务共享转型路径模型，如图 4-7 所示。

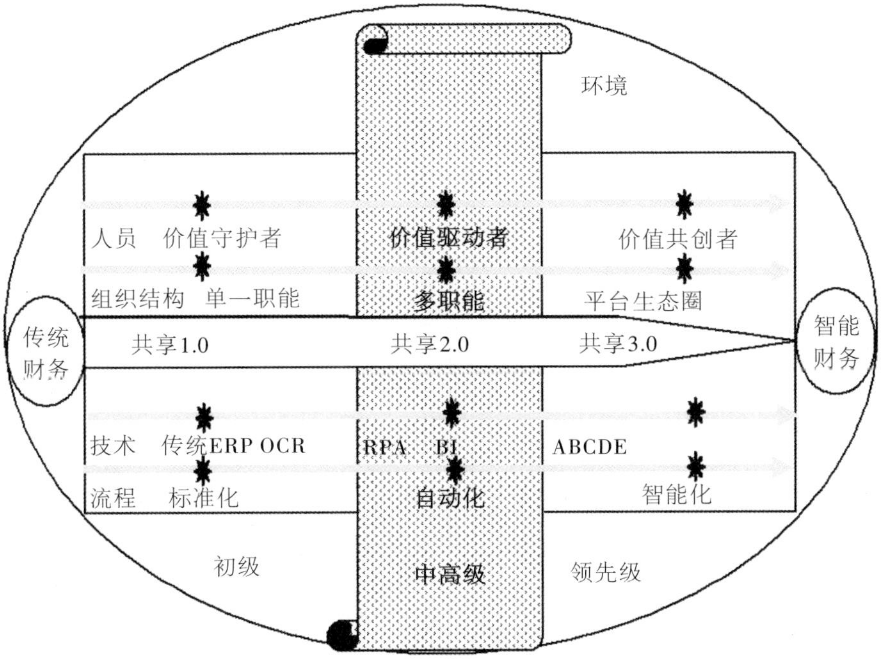

图4-7　财务共享转型路径模型

该模型正中的横线展现始于传统财务、终于智能财务，揭示财务数字化转型过程。财务共享则融入财务转型过程之中，并且经历了三个发展阶段：核算型共享、管控型共享和赋能型共享，体现了财务共享核心目标的转变，分别以共享1.0、2.0和3.0表示。

与其发展相随的，是四个维度的变量：技术、流程（任务）、组织结构和人员，基本上按照Leavitt的组织变革框架展开。其中，上半部的组织结构和人员属于组织的软资产，而下半部的技术和流程属于组织的硬资产。就TOE框架而言，模型中的技术和流程维度变量可以归入技术范畴（T）。组织结构及人员维度变量可以归入O的范畴，人员是依托于组织结构的，组织结构反映了组织中不同人和岗位的权力分配。E的部分则在模型外部的圆圈中体现，反映财务组织变革发生的内部和外部环境。

（1）技术维度体现的是从传统ERP到RPA应用，到商业智能、移动互联、智能分析、人工智能、大数据、云计算等新一代技术的应用发展。传统PC技术及ERP，替代了会计手工记账；OCR、影像系统的应用，使财务共享普及化；新型ERP、RPA的应用，则使企业业财融合、流程自动化；移动互联使实时办公成为可能；BI促进了数据分析的应用；智能技术、机器学习则提升了数据分析应用能力，使智能财务成为可能。

（2）流程维度体现的是财务工作标准化、信息化、自动化和智能化的发展。

（3）组织结构维度，展现了财务从传统分散于各个经营体的支持职能转为单一职能集中共享的半独立经营体，再向包含了专家服务中心（CoE）的多职能共享经营体转变，并最终发展成为具有平台生态圈特点的中台单元。

（4）人员维度，展现了财务的职责与身份，从传统的核算者和价值反映者向管理专家和商业伙伴的转型，并进一步发展成为数据赋能者，引领企业变革和价值共创。

传统财务中绝大多数的财务工作集中在账务处理上，共享1.0将这些账务处理信息化、自动化，由机器人替代了人工完成基础性、事务性、重复性工作，传统的财务核算岗位几近消亡。财务共享服务中心的核算岗位主要从事的是核算和反映业务的工作。不过，信息技术的发展使账务处理财务系统等与业务系统融合起来，摆脱了日常性工作束缚的财务人员得以深入业务、参与业务，参与战略决策，或是从事管理控制工作，共享服务中心开始出现了专家中心岗位，甚至一些共享服务中心开始出现了财务中心与人力资源共享IT中心的整合，利用共享服务中心形成的数据和技术工具来解决经营问题，成为经营的商业伙伴。之后，随着技术的进一步发展，流程智能化、组织的平台和商业生态圈形成，组织呈现出前台-中台-后台结构，财务共享中台形成。一方面，能够满足前台对于财务资源和快速反映的需求；另一方面，能够取得多个系统整合而形成的大数据后台资源，作为前台和后台之间、业务和数据之间的沟通桥梁。财务共享平台转型成为大共享平台，并融入企业的生态圈。传统财务转而成为智能财务。

转变过程以财务共享服务中心为出发点，并促进了智能财务应用的发展。智能财务的共享、互联、智能又进一步将服务的共享功能充分发挥起来，强化了财务共享的地位。

在数字技术驱动下，财务转型从流程变革、组织变革、人员变革等各个维度展开推进，并逐步走向智能财务。财务共享从 1.0 发展到 2.0 再到 3.0，各个维度的发展既各自展开又相互联系。不同企业的财务转型实践的总体方向相似，但是发展路径可能存在差异。下文将通过问卷分析来解释技术进步与财务共享发展的关系，并借助案例分析了解财务共享转型的路径。

财务共享的发展路径：信息技术的发展推动了财务共享模式的创新，财务共享必然从简单共享走向智能化，财务共享的升级推动企业财务转型，为企业全面数字化转型打下坚实基础。

财务共享大致划分为三个阶段，取决于组织管理的发展状况，企业发展路径可能各有不同。以下通过问卷调研和案例分析检验或修正这一模型。

第5章

财务共享服务模式在我国应用现状调研分析

如前所述，20世纪80年代中后期，跨国公司为了降低成本、改进控制、提高服务水平、获取战略价值，开始在全球范围内实行资源的整合与共享，并建立共享服务中心，截至目前历经了三十多年的发展，出现了许多创新的管理实践。共享服务经历了从萌芽到成熟的转变，开始从单一的职能型共享服务中心向整合的全球共享服务中心转变。共享服务在21世纪初被引入我国，虽然起步滞后，但得益于技术的进步和经验的习得，我国企业的共享服务也有了一定的发展。未来，随着数字经济的发展，共享服务面临转型压力，技术进步与创新将驱动共享服务的发展。企业需要充分把握技术创新的机会，但同时也要充分评估技术创新的挑战，促使共享服务完成转型，成为企业应对数字经济转型的价值驱动力量。

本章通过问卷调查了解我国企业财务共享中心建设情况、财务共享中心成熟度以及财务共享中心建设水平与技术之间的关系，所以调查问卷的题目涉及企业基本情况、财务共享中心建设情况、财务共享中心成熟度、财务共享中心建设与技术应用。在前述财务共享中心的多个成熟度模型中，普华永道的模型针对财务共享中心设计而成，与本次问卷调查对象的符合程度高，因此，我们在设计问卷时参考了普华永道的共享中心的成熟度模型以及技术-组织-环境（TOE）框架（Tomatzky和Fleischer，1990），并且在设计问卷题目时结合了前期对企业进行访谈的结果，分别设计了选择题和量表题，使得问卷可以更好地将企业财务共享中心建设情况反映出来。问卷具体内容见附录。

1）问卷总体情况

本次问卷调查的目标是了解企业的财务共享实践，因此向企业财务管理人员发放问卷进行调查。问卷发放时间为2020年1月6日到2020年4月16日，历时三个多月，共收回323份问卷，对问卷进行筛选处理后共计134份有效问卷，包括91家已建设财务共享中心的企业和43家未建设财务共享中心的企业，有效问卷的回收率为41.49%。无效问卷被剔除的情形包括：其一，作答时审题不仔细，存在缺答现象或作答了不应作答的问题，如未建设财务共享中心的企业作答了适合已建设财务共享中心企业的题目；其二，同一个IP地址重复作答。

2）问卷处理

（1）问卷发放工具

本次问卷发放使用问卷星（https：//www.wjx.cn）。问卷星是国内目前问卷调查较为常用的工具，且在问卷发放与回收过程中使用较为方便。

（2）问卷调查对象

本次问卷调查对象为企业财务管理人员，且问卷填写者皆被告知了本次问卷调查的目的为智能技术驱动下的财务共享模式创新与应用实践研究，被调查者皆为自愿填写。在问卷作答完成后，设有问卷星自带的抽奖环节。

（3）问卷筛选处理

为了防止出现重复作答的情况，在问卷筛选时剔除了同一IP重复作答的问卷；为了防止出现作答不认真的情况，在问卷设计时选项中包含了是否已建设财务共享中心，并且根据答案分设了不同的问题，如选择已建设财务共享中心，却作答了未建设财务共享中心的问题，则将该问卷视为无效并剔除。

3）问卷发放及回收过程

（1）2020年1月6日，IMA协助项目组通过其会员平台发放调查问卷。

IMA成立于1919年，是一家全球领先的国际管理会计师组织，致力于转变传统财务领域的思维模式，服务全球财务管理行业，从而推动企业优化绩效，成就IMA成员个人职业发展。IMA目前拥有遍布全球265个分会的超过80 000名会员，其在中国拥有近2 300名会员，且大多数会员来自世界500强公司及国内上市公司，因此，通过IMA会员平台发放问卷，可以较好地达到本次问卷调查的目的。

同时，项目组在CIMA创建的3个500人会员群中发放调查问卷。CIMA成立于1919年，是全球最大的国际性管理会计师组织，同时也是国际会计师联合会（IFAC）的创始成员之一。CIMA目前拥有17万会员和学员，遍布170多个国家，CIMA的认证群体则以企业会计和经理为主，符合本次问卷调查的目标。

项目组还在厦门大学会计专硕（MPAcc）500人校友群中发放调查问卷。厦门大学会计学系创办于1924年，其会计学科是师资力量雄厚、科研成果丰硕、人才辈出、教学科研条件优越的全国重点学科。许多会计系毕业的校友在全国知名企业中任职，且目前已在大中型企业中担任中高层职务，符合本次问卷调查的目标。

此外，项目组还将问卷发放至项目组成员个人熟悉的企业财务经理级人员进行填写。

（2）2020年3月18日，项目组累计收回问卷234份。

（3）2020年3月23日，IMA通过其会员平台进行第二次调查问卷发放。

（4）2020年3月25日，项目组在智能财务专业委员会500人会员群中发放调查问卷，并由该会员群中财务共享相关领域的财务经理进行填写。

（5）2020年4月16日，项目组累计收回调查问卷323份。

以下就调研结果进行分析。

5.1 问卷基本统计信息

5.1.1 所属行业

问卷填写者所在企业的所属行业[①]如图5-1所示。所属行业最多的为制造业（36家），此外，批发和零售业（16家），信息传输、软件和信息技术服务业（13家），金融业（12家）也较多。其他行业均有一定样本。本问卷所涵盖的行业类型较全，反映本次问卷调查具有较好的行业代表性。

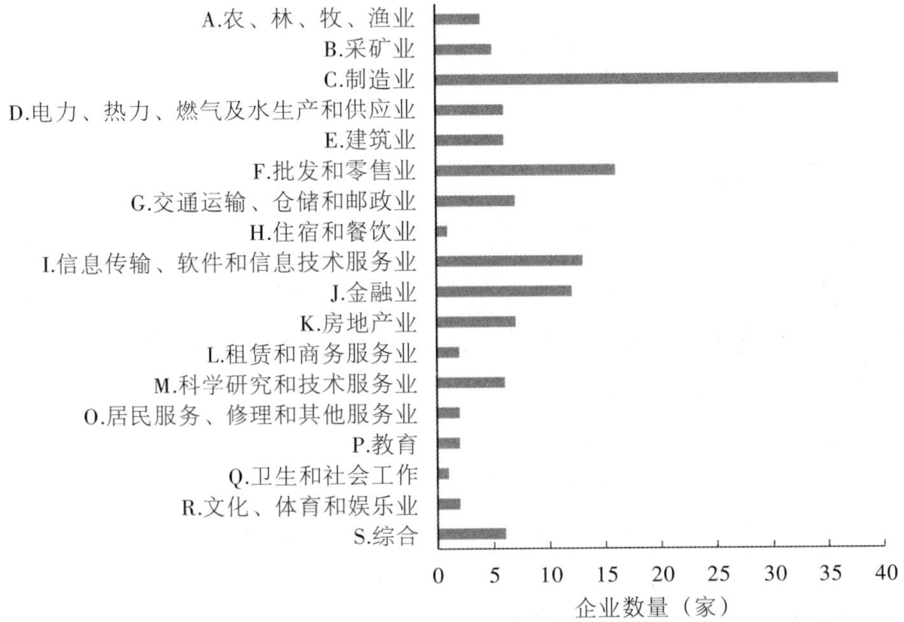

图5-1 所属行业

5.1.2 企业所有权类型

问卷填写者所在企业的所有权类型如图5-2所示，国有独资或国有控股企业（以下简称国有企业）最多（54家），其次分别为民营企业（50

① 根据证监会《上市公司行业分类指引》（2012年修订）进行归类。

家）、外资企业（23家）、合资企业（6家）。这说明本次问卷调查覆盖了国有企业、民营企业、外资企业以及合资企业等，因此本次问卷调查具有较好的代表性，能够较好地反映不同类型企业的情况。

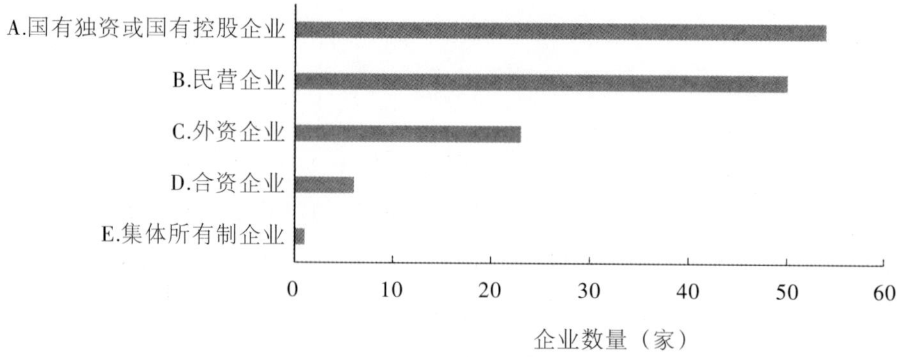

图5-2　企业所有权类型

5.1.3　企业规模

问卷填写者所在企业的规模（以营业收入体现）分布如图5-3所示。在本次问卷调查中，营业收入规模较多地集中在1亿~10亿元（39家）、10亿~100亿元（41家）这两个规模范围内。财务共享中心的建设通常出现在规模较大的企业，而本次问卷调查的样本企业多数已建立财务共享中心，因此规模大的企业占比较高。

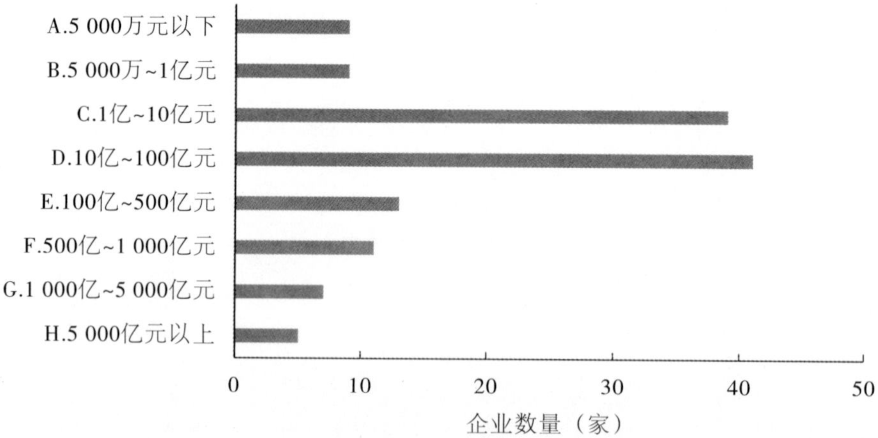

图5-3　营业收入规模分布

问卷填写者所在企业的员工数量分布如图5-4所示。在本次问卷调查中，有 33 家企业的员工数量为 1 000~5 000 人，32 家企业的员工数量在 10 000 人以上。多数企业员工数量较多，但也有员工数量较少的样本。各个员工数量范围都有较多的问卷样本，反映出本次问卷调查能够反映出员工数量不同的企业情况。

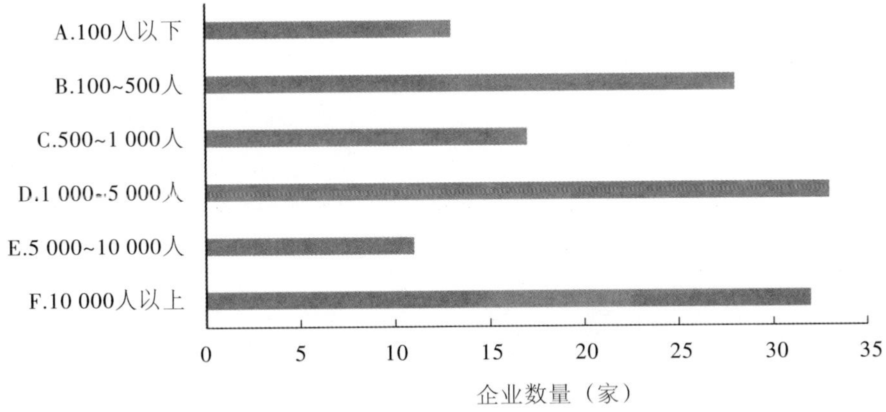

图5-4　员工数量分布

5.2　财务共享中心建设情况

20世纪90年代后期，我国企业开始了财务共享中心的建设实践，截至目前，财务共享中心已经渐渐走向成熟。但是，在财务共享中心的建设过程中，不同公司的财务共享中心建设情况有所不同。

5.2.1　建设阶段

已开始和未开始建设财务共享中心的企业的建设阶段分别如图 5-5a 和图 5-5b 所示。

如图 5-5a 所示，在已开始建设财务共享中心的企业中，已开始实施建设计划但尚未完成的占比 33%，已建设完成的企业占比 67%。该数据说明，在参与问卷调查的企业中，开始建设财务共享中心的企业大部分有着较高的完成度。但财务共享中心的建设还是需要一定的时间与过程，

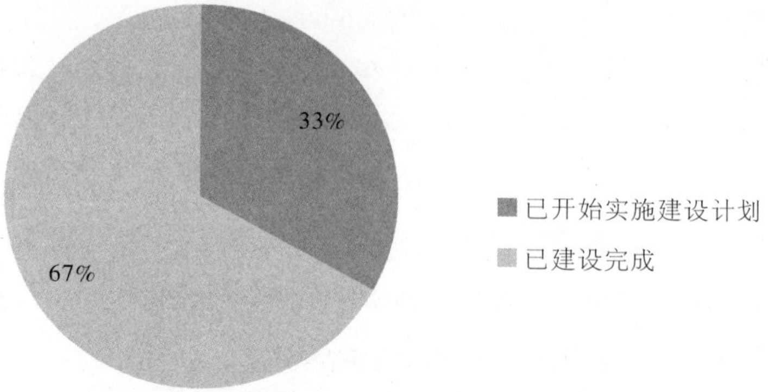

图5-5a　已开始建设财务共享中心的企业的建设阶段

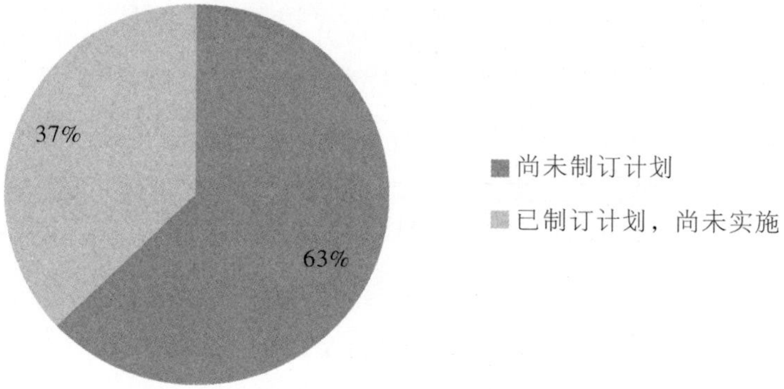

图5-5b　未开始建设财务共享中心的企业的建设阶段

包括人员培训、设备购买与安装、软件系统的安装与调试，因此有33%的企业开始建设财务共享中心但尚未完成。

如图5-5b所示，在未开始建设财务共享中心的企业中，尚未制订财务共享中心建设计划的占比63%，已制订计划但尚未实施的占比37%。该数据说明，在参与问卷调查的企业中，仍然有较多的企业短期内尚未制订财务共享中心的建设计划，财务共享中心的建设对于企业当前的发展而言不具有必要性和紧迫性。当然，已经制订计划的企业很可能在短期内有建设财务共享中心的意向。

5.2.2　建设动机

企业建设财务共享中心的动机如图5-6所示。调查结果显示，在参与问卷调查的企业中，建设财务共享中心的主要动机如下（已建设、未建设）：减少成本（91%、75%）、控制风险（71%、88%）、减少程序的无效性（70%、69%）、提高产品或服务的质量（60%、63%）、市场规模的扩大（33%、38%）、企业合并（18%、25%）、提高客户黏性（12%、25%）、进入新市场（8%、13%）。

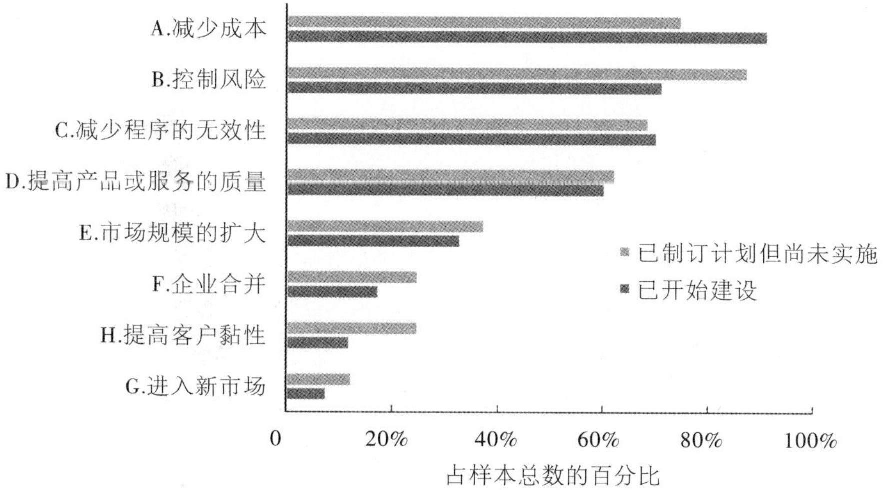

图5-6　企业建设财务共享中心的动机

在实践中，财务部门通常被认为是成本中心，是业务辅助部门。因此，在这样的视角下，对于财务共享中心的诉求或者说建设动机，在很大程度上是为了解决传统财务部门所存在的一些问题，例如成本较高、冗余程序存在无效性等。各个子公司或者业务部都需要设立财务部门，而各个财务部门之间的业务可能存在重复性，导致成本偏高且存在无效性，而建设财务共享中心可以将财务职能集中起来，在一个共享中心完成以往多个财务部门才能完成的工作，一方面可以提高效率，另一方面可以通过集中管理控制风险，避免因各个财务部门协作困难造成的损失。此外，通过对比已制订财务共享中心建设计划但尚未实施的企业与已开始建设财务共享中心的企业，可以发现两者有着相似的建设动机，但前者更重视控制风险，后者更重视财务共享中心降低成本的功能。

5.2.3　服务范围

就服务范围而言，财务共享中心有四种类型：全球服务中心、全国服务中心、国内分区区域性服务中心和国内地区性服务中心（如图5–7所示）。全球服务中心是指跨国企业在全球范围内建立起统一的财务共享中心，并服务于跨国企业在全球范围内的业务；全国服务中心是指在企业所在国家建立起统一的财务共享中心，并服务于全国的业务；国内分区区域性服务中心是指在国内建立起多个共享服务中心，分别服务于不同区域的企业分部；国内地区性服务中心是指财务共享中心仅服务于企业在国内某一地区的分部。

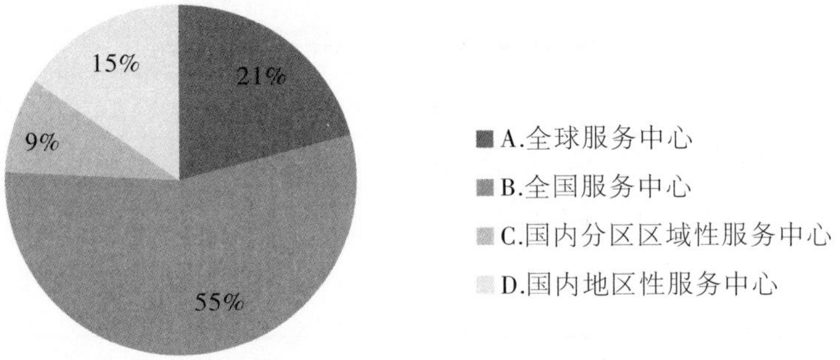

图5–7　财务共享中心服务范围

调查结果显示，财务共享中心服务范围占比最大的为全国服务中心，占比55%。财务共享中心作为一种集中化的职能形式，只有在业务量达到一定规模后，才能实现规模效应。因此，财务共享中心的建设通常以全国服务中心为服务范围。而国内地区性服务中心通常会在运行一段时间后逐渐演化成全国服务中心。全球服务中心所占的比例小于全国服务中心所占的比例，这是因为全球服务中心通常存在于跨国企业，而样本企业中跨国企业所占的比例较小。

5.2.4　战略分布

财务共享中心战略分布情况如图5–8所示。从样本企业的调查结果看，在已建成的财务共享中心中，下级单位单独建立的占比4%，集团层面统一建立的占比75%，按区域建立的占比11%，按业务板块建立的占比10%。这四种战略分布分别适用于不同类型的企业：下级单位单独建立财务共享中心适用于下级单位业务较独立并且不适合并入集团层面统一管理的企业；集团层面统一建立财务共享中心的适用面最广，在本次调查中占比75%，是四种战略分布中所占比例最大的，这是因为集团层面统一建立财务共享中心可以有效发挥其规模效应；按区域建立财务共享中心和按业务板块建立财务共享中心所占比例较小，适用于各个区域或各个业务板块之间的业务及核算等活动较为独立的企业。

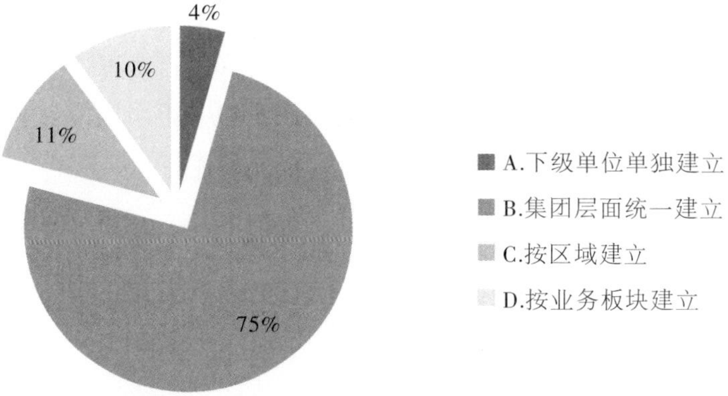

图5-8 财务共享中心战略分布情况

5.2.5 选址考虑因素

选址考虑因素如图5-9所示。调查结果显示，对于财务共享中心的选址，企业考虑较多的三个因素为（已制订计划但尚未实施、已开始建设）：企业总部的位置（81%、69%）、运营成本（81%、69%）、人力成本（69%、57%）。由此可以发现，已制订计划但尚未实施和已开始建设财务共享中心的企业选址考虑因素相似。

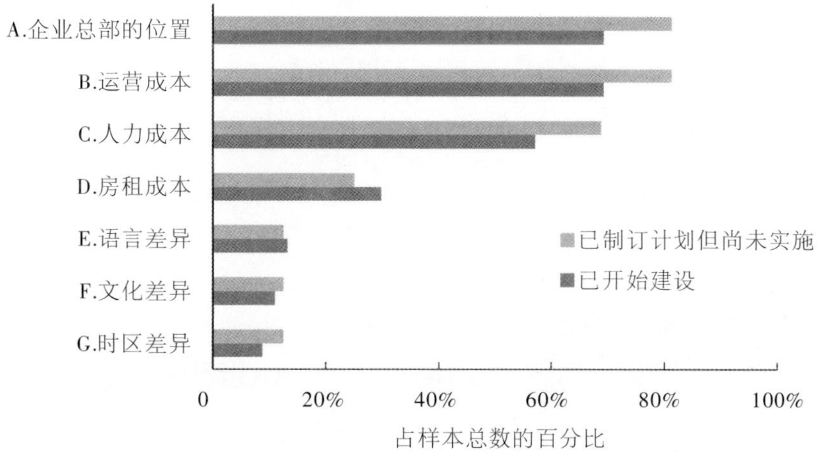

图5-9 选址考虑因素

选址考虑因素中的“运营成本”与建设动机中的“减少成本”相呼应，进一步说明了在企业建设财务共享中心的动机中减少成本的重要性。在考虑财务共享中心的选址时，企业总部的位置也是非常重要的考虑因素，部分企业会将财务共享中心建立在靠近企业总部的位置，一方面便于业务的开展，另一方面便于工作人员的沟通，同时也符合控制风险（第二个主要动机）的考虑。此外，人力成本也是需要重点考虑的因素，人力成本占据了财务共享中心总成本中较大的一部分，因此在考虑选址时需要考虑当地的工资水平。

5.2.6 纳入财务共享中心的业务流程

财务职能范围很广，诸如账务处理、决策支持、风险管控、税收管理等都可能包含其中。调查结果显示，纳入财务共享中心的业务流程通常包括：账务处理、费用审核、收付款处理、银行对账、固定资产卡片管理、发票认证、收款核销、发票查验等（如图5-10所示）。

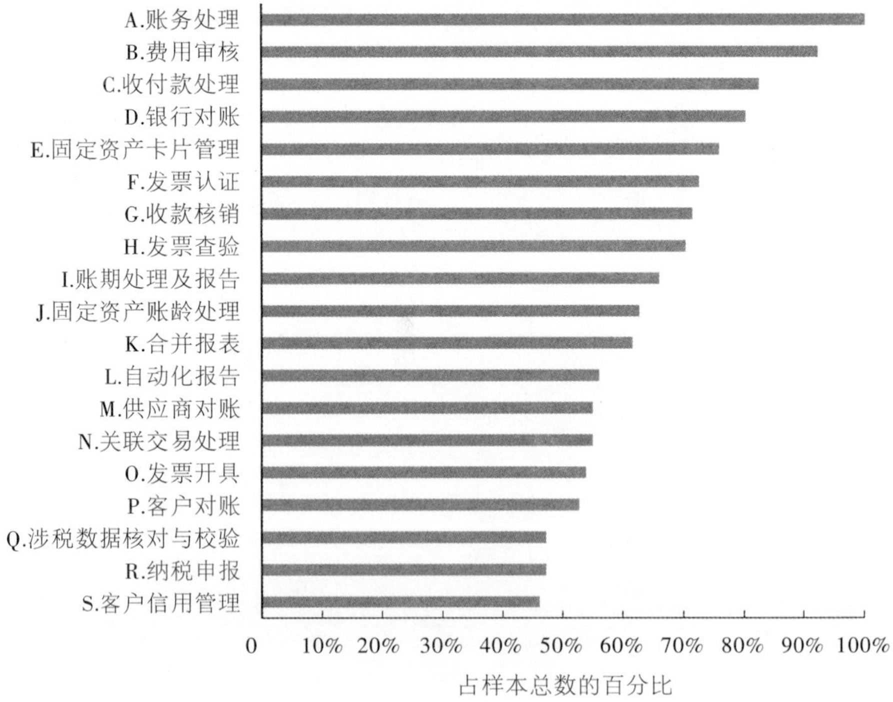

图5-10 纳入财务共享中心的业务流程

通过调查结果可以看到，全部样本企业都将账务处理纳入财务共享中心的业务流程，可以说财务共享中心的基础职能即为账务处理，所以，企业只要建立财务共享中心，就会在业务流程中涉及账务处理。当然，纳入共享范围的还包括大量能够标准化、流程化处理的业务流程，如费用审核（92%）、收付款处理（82%）、银行对账（80%）、固定资产卡片管理（76%）、发票认证（73%）、收款核销（71%）、发票查验（70%）。通常情况下，此类能够标准化、流程化处理的业务流程可以更容易地在财务共享中心进行处理。

样本企业的财务共享中心较少涉及的业务流程为：涉税数据核对与校验（47%）、纳税申报（47%）、客户信用管理（46%）。涉税事项的处理通常具有较高的合规性要求，且具有一定的操作难度，对智能化的要求也比较高，所以，基于财务共享中心的建设水平，样本企业较少涉及与税务相关的业务流程。此外，由于客户信用管理在实务操作中具有较大的灵活性，因此在财务共享中心的业务流程中也较少涉及。

5.2.7　人员变动

由于财务共享中心建设导致财务部门从业人员减少或转岗比例如图5-11的主饼图所示。调查结果显示，有35%的样本企业该比例为20%~30%，但也有30%的受访企业该比例小于10%。在91家已建立财务共享中心的样本企业中，38家为国有企业，31家为民营企业，20家为外资企业，合资企业和集体所有制企业各1家。如图5-11的两个副饼图所示，在财务部门从业人员减少或转岗比例小于10%的样本中，国有企业占比最大，为52%；在财务部门从业人员减少或转岗比例为20%~30%的样本中，民营企业和外资企业各占比28%，二者相加为56%，超过半数。由此可见，财务共享中心的建设对于财务部门的从业人员具有一定的冲击性。国有企业因其较为稳定，财务部门从业人员减少或转岗比例较低；而民营企业与外资企业因其趋利性的特点，财务部门从业人员减少或转岗比例较高。

5.2.8　未来的期望

财务管理转型的期望如图5-12所示。调查结果显示，企业对财务部

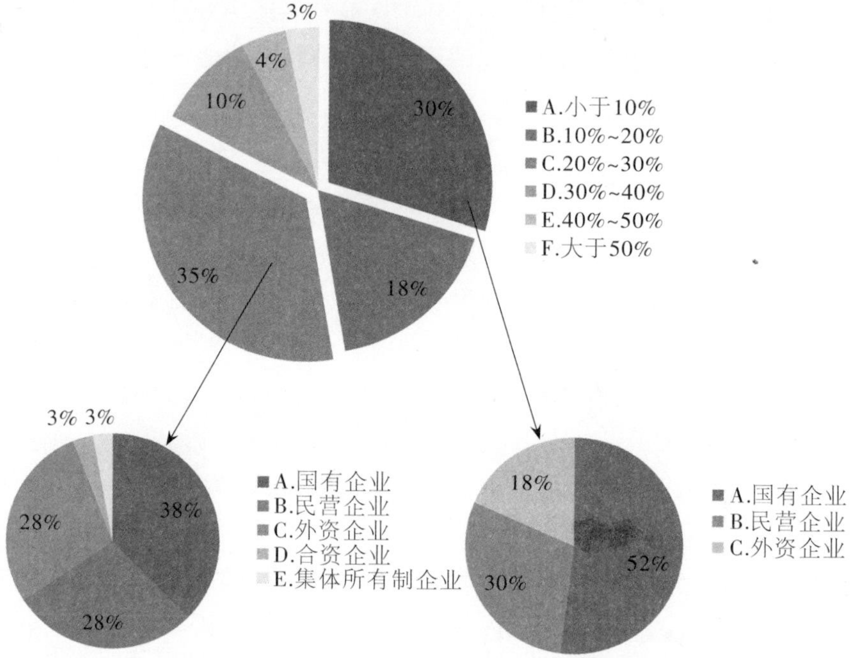

图5-11 由于财务共享中心建设导致财务部门从业人员减少或转岗比例

门的转型主要有以下期望：创造财富、控制风险（90%）；开展精细化管理（88%）；支持企业管理模式变革（87%）；参与企业决策（84%）。其中部分期望可以通过财务共享中心标准化的业务流程得到支撑，如由财务共享中心提供标准化数据以供决策使用；但仅实施标准化的业务流程是不够的，需要财务共享中心应用更多的智能技术以便实施一些智能化的业务流程，以满足更多的财务管理转型的期望。财务部门应努力从单纯的簿记部门转型成为功能多样且为企业价值增值做出贡献的部门。

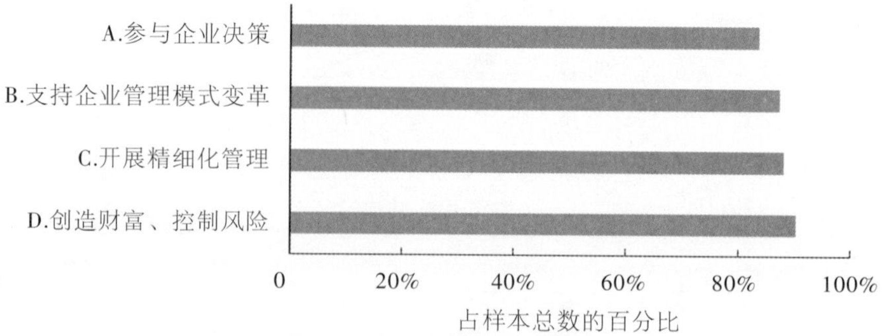

图5-12 财务管理转型的期望

5.3 财务共享中心成熟度

共享服务的发展水平或服务能力通常用成熟度模型来衡量。如前所述，许多知名企业提出了共享服务的成熟度模型。其中，普华永道所给出的成熟度模型直接针对财务共享中心（FSSC），该模型从八个维度（战略，组织、治理、合规性，持续改进，业务流程，客户关系，业绩管理，人力资源管理，系统技术）分别对财务共享中心的发展水平进行评价，并最终评估财务共享中心的成熟度。对于上述八个维度，该模型分别设置了A、B、C、D四个选项，其中A级为初级，B级为中级，C级为高级，D级为最高级，意味着财务共享中心可以更多地提供价值增值的功能，成为商业伙伴。以下是针对91家已建设财务共享中心的企业（包括已开始建设但尚未完成的企业）的财务共享中心成熟度的调研结果分析。

5.3.1 战略

完整的战略管理过程包括战略分析、战略制定与战略实施三个部分。也就是说，企业要在充分进行战略分析的基础上，制定完善的战略，并坚决贯彻执行既定战略规划所必需的各项活动，才有可能使战略获得成功。

从战略角度对财务共享中心成熟度进行评价，通常要考虑以下几个方面：是否在财务共享中心选址时考虑了相关因素；是否设定了与财务共享中心相关的战略；相关的战略是否得到了良好的实施以及定期予以评价；财务共享中心是否有着清晰的目标。

从战略维度对财务共享中心成熟度进行评价的结果如图5-13所示：财务共享中心的发展水平处于B级（中级）的样本企业最多，所占比例为38%。此外，达到D级（最高级）的样本企业接近三分之一（占比32%），这说明企业在财务共享中心的战略规划方面做得较好，有助于财务共享中心的长期发展。

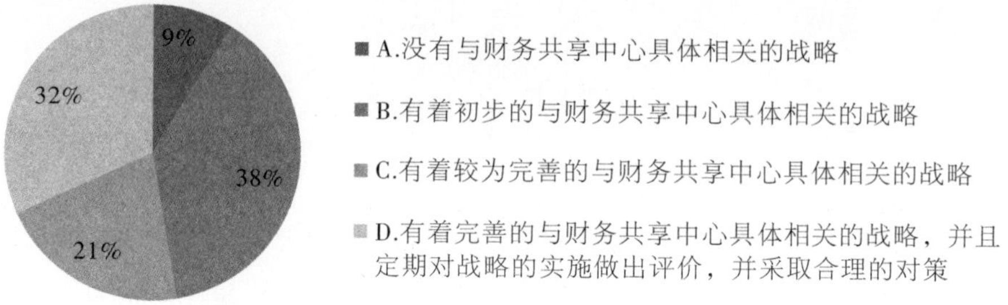

图5-13 财务共享中心成熟度——战略

5.3.2 组织、治理、合规性

当财务共享中心成为一个利润中心时，企业各部门与财务共享中心的交易事项都以市场价格作为内部转移价格，这意味着财务共享中心可以为企业创造价值，而不仅仅是一个消耗企业资源的成本中心。此外，当财务共享中心的流程有着完善的自动化控制以及有着完善的“流程拥有者”时，财务共享中心的运作将较为规范，且可以充分发挥其处理业务的规模效应。

从组织、治理、合规性维度对财务共享中心成熟度进行评价，通常要考虑以下几个方面：财务共享中心是何种类型的中心（成本中心或利润中心）；采用何种成本分摊方式；服务等级协议的完善程度如何；是否有着完善的“流程拥有者”制度；自动化控制程度如何。

在组织、治理、合规性这一维度，财务共享中心的建设水平不均衡（如图5-14所示）。财务共享中心的发展水平处于B级（中级）的样本企业最多，所占比例为40%，综合来看，处于B（中级）和C级（高级）的样本企业超过半数（合计占比63%）；处于A级（初级）的样本企业仍然较多（占比23%）；处于D级（最高级）的样本企业占比较小，仅有14%。由此可见，企业在这一维度的财务共享中心建设仍有较大的空间。

5.3.3 持续改进

企业需要对财务共享中心进行持续改进，而对于管理工具的有效利用可以更好地促进财务共享中心的完善。

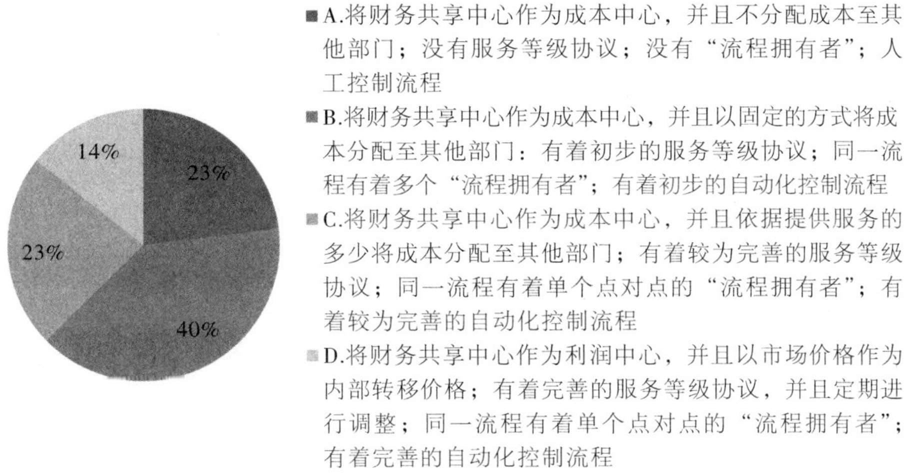

图5-14　财务共享中心成熟度——组织、治理、合规性

从持续改进维度对财务共享中心成熟度进行评价，通常要考虑以下几个方面：是否对财务共享中心加以持续改进；是否运用了持续改进流程（CIP）、六西格玛（6σ）、全面质量管理（TQM）等管理工具。

从持续改进维度对财务共享中心进行评价的结果如图5-15所示。财务共享中心的发展水平处于B级（中级）的样本企业最多，所占比例为46%，综合来看，处于B（中级）和C级（高级）的样本企业超过半数（合计占比72%），而处于A级（初级）的样本企业占比较小（仅占比9%）。由此可见，企业的财务共享中心建设在这一维度有着较高的水平。

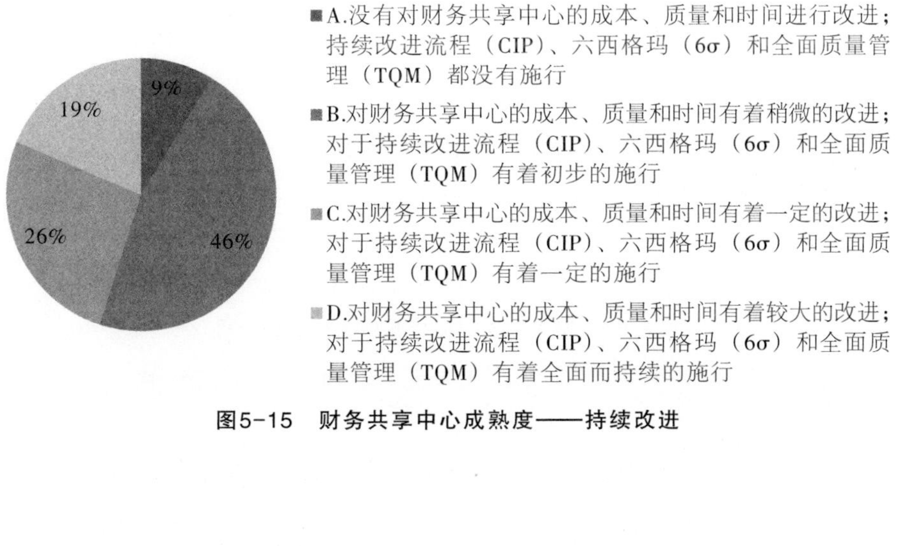

图5-15　财务共享中心成熟度——持续改进

5.3.4 业务流程

作为将企业财务活动集中起来进行处理的中心，财务共享中心需要处理不同分支机构的账务核算以及财务业务。因此，财务共享中心如果能做到业务流程的标准化、统一化和自动化，那么将会提高处理效率并可以控制风险。此外，对于财务业务中重复性、同质性的工作，若能采取批量处理的方式，则可以大大提高处理效率，降低财务人员的工作负荷。采用专家中心（Center of Expertise，COE）的模式，可以使财务共享中心将公司内部具有财务专长的人员聚集起来，既可以集中处理整个公司的财务问题，又有助于解决一些财务上的难题。

从业务流程维度对财务共享中心成熟度进行评价，通常要考虑以下几个方面：财务共享中心的业务流程是否标准化、统一化和自动化；是否对业务进行批量处理；是否有着成熟的专家中心。

从业务流程维度对财务共享中心进行评价的结果如图5-16所示。财务共享中心的发展水平处于B级（中级）的样本企业超过半数，所占比例为58%；处于A级（初级）或D级（最高级）的样本企业较少，所占比例分别为7%和12%。由此可见，企业的财务共享中心建设在这一维度上的建设水平大多处于中级，仍然存在着一定的进步空间。

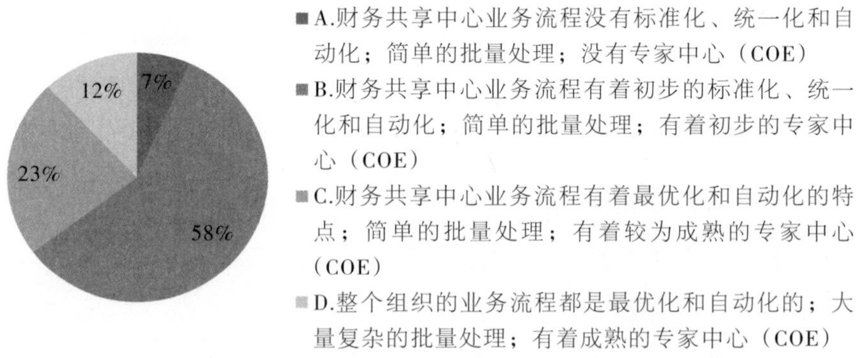

图5-16 财务共享中心成熟度——业务流程

5.3.5 客户关系

成熟的财务共享中心不能将业务局限于为企业自身服务，更应着眼于为企业外部客户提供支持。一个典型的例子是亚马逊的云计算服务（Amazon Web Services，AWS），其从为亚马逊自身庞大的电商业务提供服务开始，到如今已发展为营收上百亿美元的云计算服务商。

从客户关系维度对财务共享中心成熟度进行评价，通常要考虑以下几个方面：财务共享中心是否为企业外部客户服务；是否为公司创造价值；是否面向客户提供支持。

从客户关系维度对财务共享中心进行评价的结果如图5-17所示。财务共享中心的发展水平处于B级（中级）的样本企业接近半数，所占比例为49%；处于D级（最高级）的样本企业较少，所占比例为7%；处于A级（初级）的样本企业仍然较多，所占比例为22%。财务共享中心在这一维度的建设上仍然有着较大的空间。

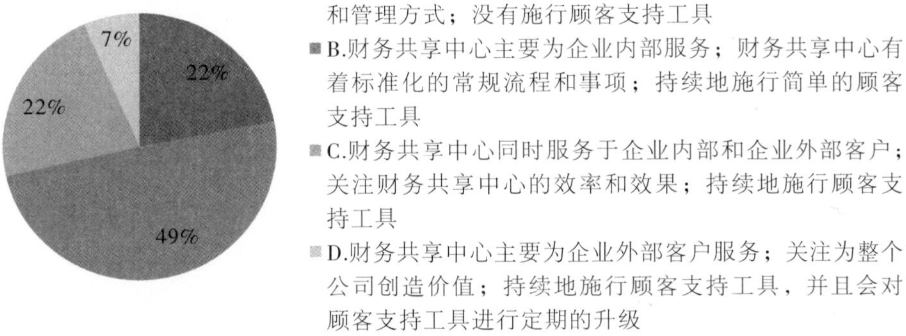

图5-17　财务共享中心成熟度——客户关系

5.3.6　业绩管理

企业需要对财务共享中心设定运营目标，并根据环境的变化不断调整目标。此外，企业还需要定期对其运营进行合理评价。在评价中使用业绩评价工具（如平衡计分卡、基准分析），可以使得业绩评价更加规范和系统化。

从业绩管理维度对财务共享中心成熟度进行评价，通常要考虑以下几个方面：财务共享中心是否使用业绩评价工具（如平衡计分卡、基准分析）；是否有着全面的内部控制系统；是否有着全面的业绩目标。

从业绩管理维度对财务共享中心进行评价的结果如图5-18所示。财务共享中心的发展水平处于B级（中级）的样本企业最多，所占比例为42%，综合来看，处于A级（初级）和B级（中级）的样本企业占比较大（合计占比65%），而处于C级（高级）和D级（最高级）的样本企业占比较小（合计占比35%）。财务共享中心在这一维度的建设上仍然有着一定的空间。

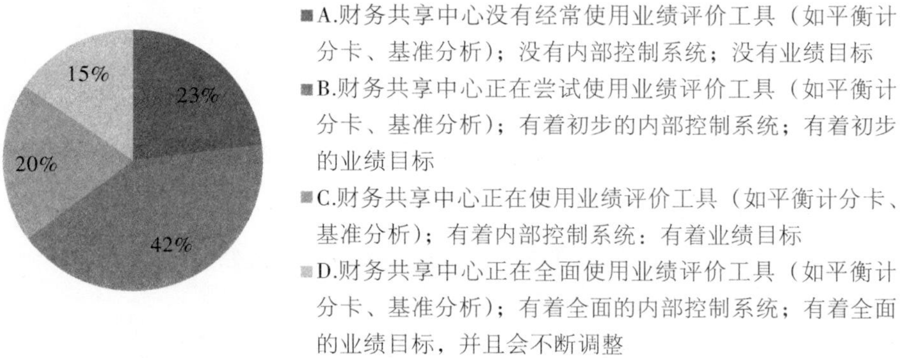

图5-18　财务共享中心成熟度——业绩管理

5.3.7　人力资源管理

财务共享中心需要由具有专长的人员运营。由于人力资源管理对于财务共享中心十分重要，因此财务共享中心需要建立健全的专业人员管理体制，同时需要对工作人员提供全面的培训。此外，财务共享中心还需要将员工培养计划和业绩评价结合起来，使得培养的人才能够满足实际工作的需要。

从人力资源管理维度对财务共享中心成熟度进行评价，通常要考虑以下几个方面：财务共享中心是否有着专业人员管理体制；员工培养计划是否与业绩评价关联；是否建立了全面的培训系统。

从人力资源管理维度对财务共享中心成熟度进行评价的结果如图5-19所示。财务共享中心的发展水平处于B级（中级）的样本企业最多，所占比例为62%；处于C级（高级）和D级（最高级）的样本企业占比较小（合计占比27%）。企业在这一维度的建设上仍然有着一定的空间。

5.3.8　系统技术

在财务共享中心的建设过程中很重要的一部分工作是软件系统的安装

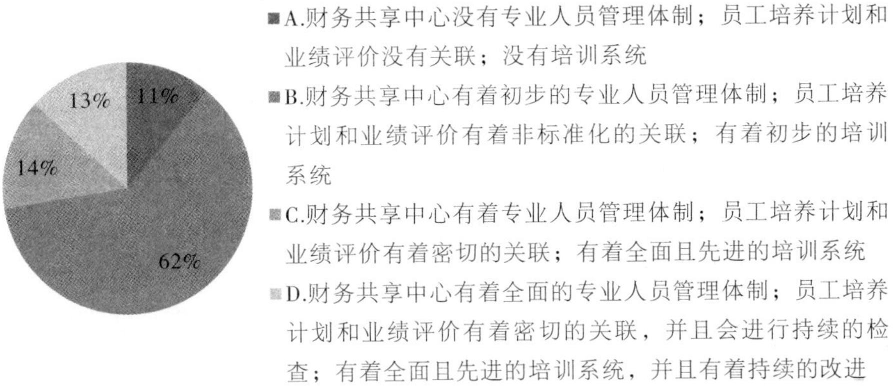

图5-19 财务共享中心成熟度——人力资源管理

与调试。财务共享中心所使用的系统要尽可能与企业原有的系统相连接，使得整个企业有着系统化的ERP系统，而不是各个系统之间相互孤立以致无法实现数据的流通。

从系统技术维度对财务共享中心成熟度进行评价，通常要考虑以下几个方面：是否有着标准化的ERP系统；是否有着全面的工作流程系统；是否有着高水平的信息技术管理。

从系统技术维度对财务共享中心成熟度进行评价的结果如图5-20所示。财务共享中心的发展水平处于B级（中级）的样本企业最多，所占比例为43%，综合来看，处于B级（中级）和C级（高级）的样本企业占比较大（合计占比79%）；处于A级（初级）的样本企业占比极小（占比4%）。这说明企业在系统技术维度上发展水平较高。

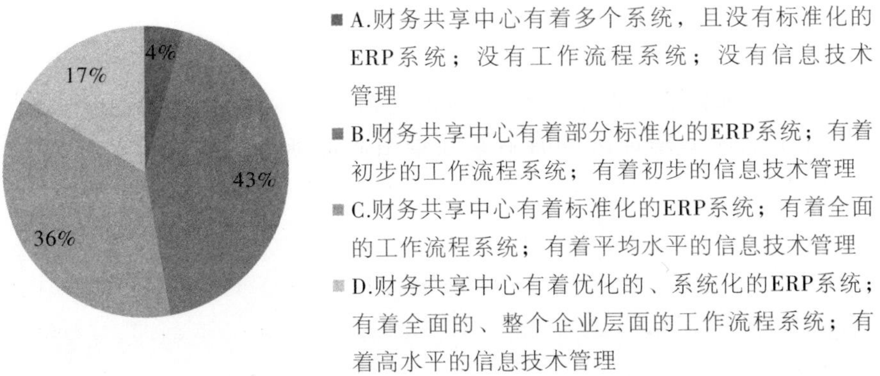

图5-20 财务共享中心成熟度——系统技术

5.3.9 小结

在分别从八个维度对财务共享中心的成熟度进行分析之后，还需要就其整体成熟度作综合评价。首先，我们将前述八个维度的A、B、C、D四个级别分别赋值1~4分（A级对应1分、B级对应2分、C级对应3分、D级对应4分）；然后，通过对各个样本企业八个维度的分值进行算术平均得出综合分值，数值越大代表样本企业财务共享中心成熟度越高；最后，再对综合分值作四舍五入取整，即可得到各个样本企业财务共享中心成熟度的整体级别。

企业财务共享中心成熟度的整体情况如图5-21所示。通过分析可以发现，财务共享中心成熟度整体情况处于B级（中级）的样本企业所占的比例最大（占比55%），而处于D级（最高级）的样本企业所占的比例仅为12%。这一调查结果表明，财务共享中心的建设仍然有着较大的提升空间。

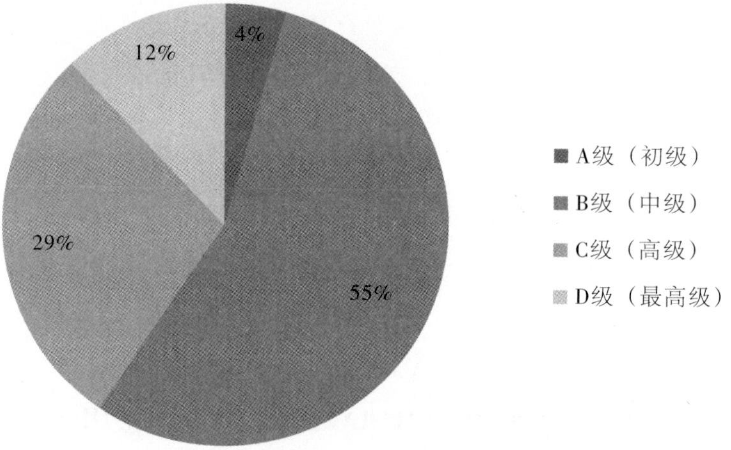

图5-21　财务共享中心成熟度——整体情况

企业财务共享中心成熟度各维度得分情况如图5-22所示。从均值看，财务共享中心的总体得分为2.42分（B级）。通过将各维度得分情况与均值进行对比可以发现，企业在战略、系统技术以及持续改进方面的表现比较好；而在客户关系、业绩管理、人力资源管理以及组织、治理、合规性这类运营相关维度方面的表现低于平均水平。这一情况的出现与财务共享中心所处的建设阶段有关，通常企业在建设财务共享中心时会先制定战略、与采购或研发相关的系统技术，并对其进行持续改进；而客户关系、业绩管理、人力资源管理以及组织、治理、合规性等与财务共享中心运营相关的要素，通常需要较长的周期来进行建设，因此在评价其成熟度时得分较低。这一情况反映了财务共享中心建设重规划、轻运营的现状，即规划先行，但在运营方面尚有提升空间。

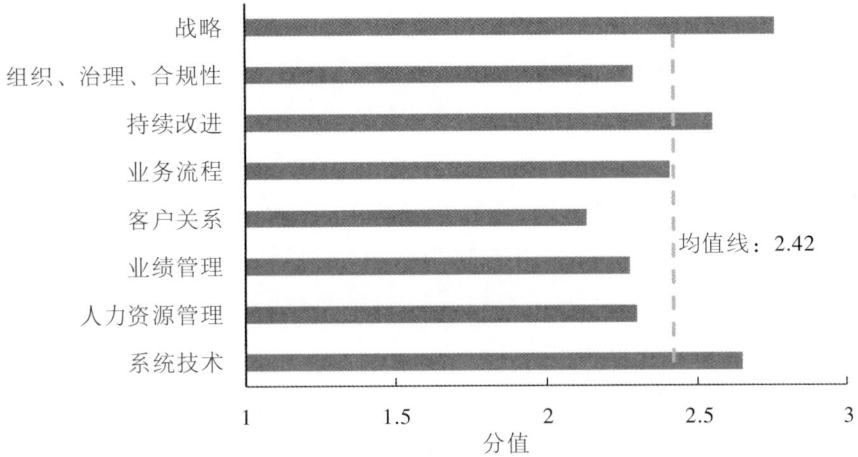

图5-22　财务共享中心成熟度——各维度得分情况

通过对财务共享中心成熟度各个维度的分析可以得出，企业在将来的建设中需要进一步重视客户关系、业绩管理、人力资源管理以及组织、治理、合规性等方面的建设，以提升财务共享中心整体的成熟度，以使财务共享中心更好地发挥作用。

5.4 财务共享中心建设与技术应用

技术是促进财务共享演变与发展的重要因素，以下就企业在建设财务共享中心时的技术状况作进一步分析。

5.4.1 目前使用的系统

针对财务部门目前使用的系统的调查结果如图5-23所示。样本企业财务部门使用的系统按频率高低依次为（已建设、未建设）：会计核算系统

（100%、100%）、资金管理系统（88%、51%）与费用控制系统（82%、51%）。企业通常会优先建设那些在实务中使用频率最高的系统，以获得最优的建设性价比。会计核算系统是财务部门必备的系统，因此有着100%的使用率。影像系统在财务共享中心使用率较高，但对于未建设财务共享中心的企业来说则不具有必要性，因此，影像系统在已建设财务共享中心和未建设财务共享中心的企业中存在着较大的差异（62%、7%）。

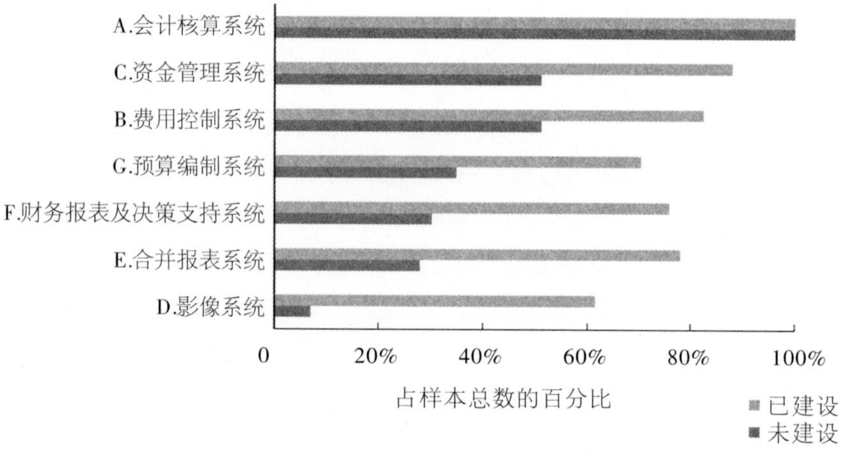

图5-23 财务部门目前使用的系统

此外，与未建设财务共享中心的企业的财务部门使用系统的情况相比，已建设财务共享中心的企业的财务部门使用系统的百分比相对更高。一方面，由于建设财务共享中心的企业通常具有较大的规模及较强的建设实力，因此通常会使用更多的系统；另一方面，由于企业良好的系统使用状况可以更好地实现各个系统之间的连接，便于财务共享中心的建设，因此系统使用状况更好的企业更可能完成财务共享中心的建设。

5.4.2 技术状况

1）熟悉的技术

针对熟悉的技术的调查结果如图5-24所示。企业受访人员对问卷中提到的对技术感到熟悉的人数比例由高到低依次为（已建设、未建设）：电子发票（80%、74%）、数据可视化（64%、40%）、大数据（52%、44%）。这些技术已经在财务工作中得到了长期应用，通常为实务场景中应用较为成熟的技术，与历年来关于影响会计从业人员的信息技术的投票结果基本一致。此外，已建设财务共享中心的企业财务人员对于技术的熟悉度要高于未建设财务共享中心的企业财务人员。针对这一结果可以从三个方面进行理解：首先，建设财务共享中心的企业通常为规模较大、运营较为规范的企业，因此财务人员通常对各种技术更为熟悉，并且技术使用情况更好；其次，财务共享中心的建设对于技术有着较高的要求，企业财务人员对相关技术的熟悉度更高，有助于减少企业在建设财务共享中心时的技术壁垒；最后，财务共享中心的应用也可以促进技术在企业内部的推广，使得企业财务人员对技术有着更高的熟悉度。

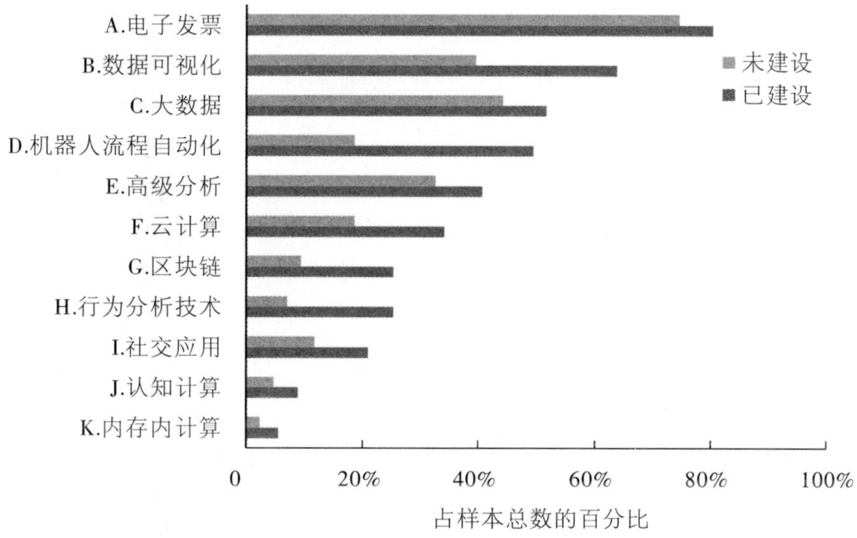

图5-24　熟悉的技术

2）已使用的技术

针对已使用的技术的调查结果如图5-25所示。受访企业已使用的技术中占比由高到低依次为（已建设、未建设）：电子发票（70%、35%）、数据可视化（62%、30%）、大数据（53%、23%）。企业已使用的技术的排名情况与企业财务人员熟悉的技术的排名相似。

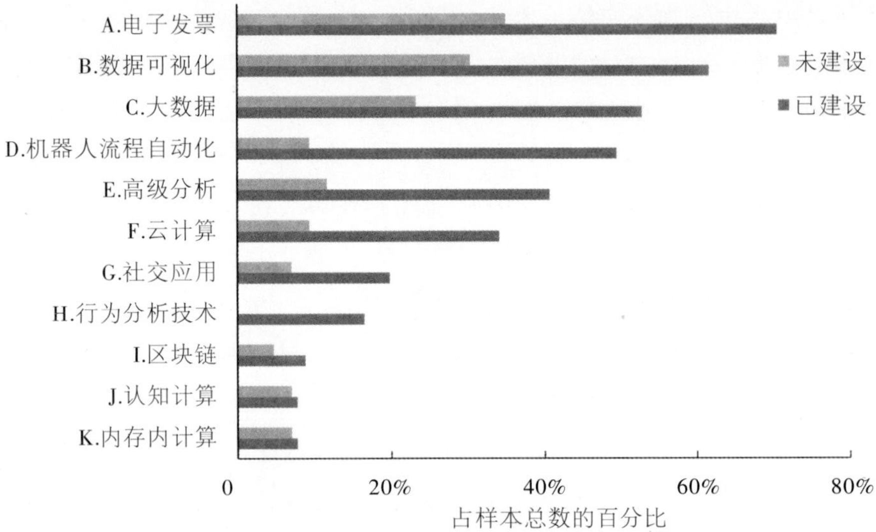

图5-25　已使用的技术

通过对已建设财务共享中心和未建设财务共享中心的企业的技术使用情况进行对比可以发现，二者在以下技术的使用情况方面存在较大的差异（已建设、未建设）：机器人流程自动化（49%、9%）、数据可视化（62%、30%）、高级分析（41%、12%）、电子发票（70%、35%）以及大数据（53%、23%）。针对这一结果可以从两个方面进行理解：一方面，财务共享中心的建设需要多项技术共同支撑，作为一项集合众多功能且流程高度自动化的中心，财务共享中心对技术水平有着较高的要求，因此财务共享中心的建设要求综合运用各项技术；另一方面，财务共享中心的存在可以给各项技术提供一个整合运用的平台，促使各项技术更好地发挥作用，从而提高财务共享中心的服务效率和质量。这也在一定程度上说明技术促进了共享的发展，同时共享又推动了技术的应用。

3）未来打算投资建设的技术

针对未来打算投资建设的技术的调查结果如图5-26所示。未建设财务共享中心的受访企业未来打算投资建设的技术中占比较高的有高级分析（49%）、数据可视化（44%）、大数据（40%）；已建设财务共享中心的受访企业未来打算投资建设的技术中占比较高的有机器人流程自动化（48%）、大数据（47%）、高级分析（42%）。

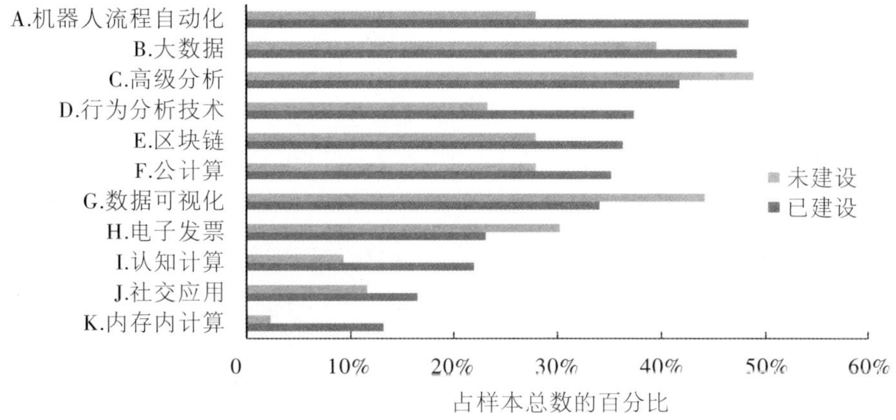

图5-26　未来打算投资建设的技术

企业未来打算投资建设的技术与2020年影响中国会计从业人员的十大信息技术有着部分重合，如云计算、电子发票、大数据、区块链等。由此可见，企业未来打算投资建设某项技术的部分原因在于这些技术对会计从业人员有着较大影响或对工作有着较大帮助。

此外，通过比较已建设财务共享中心与未建设财务共享中心的受访企业未来打算投资建设的技术可以发现，二者对于机器人流程自动化的建设预期有着较大差异，分别占比48%和28%。这一情况的出现是由于财务共享中心对于机器人流程自动化有着较大的需求。财务共享中心通常将大量重复性、同质化的业务集中起来进行处理，因此，引进机器人流程自动化将会产生较大的收益。

结合前文中分析的已使用的技术情况，可以发现已建设财务共享中心和未建设财务共享中心的企业对于数据可视化的投资建设意愿有着一定的差异，分别为34%、44%，这一情况的出现在一定程度上是由于已建设财务共享中心的企业已经较好地使用数据可视化（62%），因此在未来投资建设计划中所占比例较小。这一情况也反映了技术进步是大趋势，财务共享中心的建设会促进企业技术进步，同时促进技术推广。

5.4.3　回归分析

接下来将以参与本次问卷调查的91家已建设财务共享中心的企业作为样本，展开回归分析，以了解技术情况、组织情况、环境情况对企业财务共享中心发展状况的影响。

1）研究假设

“技术-组织-环境”框架（technology-organization-environment framework，TOE框架）是由Tomatzky和Fleischer于1990年提出的，他们综合考虑了企业内部的技术状况、组织状况以及企业外部的环境状况对企业使用新技术的影响。该理论通常被学者应用于解释创新的采纳和深化使用行为，近年来主要被应用在对信息技术（information techology，IT）或信息系统（information system，IS）等相关创新在组织中的扩散的影响研究上。财务共享中心是一项技术推动的管理创新，企业在进行财务共享中心的建设时也侧重于新技术、新系统的建设与应用，因此我们使用TOE框架分析财务共享中心发展水平的影响因素。

前述理论与文献分析表明，在企业建设财务共享中心时，较强的技术状况（包括技术与组织的关系和技术自身的特征等）将有助于财务共享中心的建设。财务共享中心的建设本身属于组织转型，其对新技术的采纳不只受到创新技术自身的影响，还受到组织因素（如组织规模、组织性质、组织文化）和组织所面临的环境因素（如制度环境、行业环境、竞争压力）的影响。在财务共享中心的建设过程中，有利的组织内部情况及外部环境也会产生积极影响，因此提出以下研究假设：

H1：良好的技术状况有助于提高财务共享中心的发展水平。

H2：良好的组织状况有助于提高财务共享中心的发展水平。

H3：良好的环境状况有助于提高财务共享中心的发展水平。

2）问卷量表设计

本次问卷量表设计包括三个主要变量：技术、组织以及环境（见表5-1）。根据前述成熟度模型的各个评价标准和已有的成熟量表，结合财务共享中心的特点，对技术变量设计了8个维度来反映企业的技术状况，分别为环境、功能、稳定性、兼容性、数据管理、流程自动化、SMAC和智能分析；对组织变量设计了4个维度来反映企业的组织状况，分别为组织设计、高管支持、人员管理和绩效管理；对环境变量设计了4个维度来反映企业的环境状况，分别为竞争压力、潮流压力、规范压力和政策压力。

表5-1　　量表设计

变量	维度	编号	题项	来源
技术(technology)	环境	TE1	公司在建设财务共享中心前已有成熟的ERP系统	何瑛等(2013)、Nilly Essaides et al.(2018)、Thomas Dobbe et al.(2016)
	功能	TE2	公司有着可靠且多功能的信息技术应用平台	
	稳定性	TE3	公司会持续地对相关IT设备进行维护	
	兼容性	TE4	公司的IT系统适合实施共享财务	
	数据管理	TE5	公司在建设财务共享中心时已有成熟的数据库技术	
	流程自动化	TE6	公司在建设财务共享中心时已采取流程自动化和标准化的技术	
	SMAC	TE7	公司在建设财务共享中心时已开始运用SMAC（社交网络、移动数据、数据分析、云计算）技术为经营单位提供决策支持	
	智能分析	TE8	公司在建设财务共享中心时已利用智能分析（商业智能、大数据分析等），形成专家系统	
组织(organization)	组织设计	OR1	公司的组织结构设计有利于财务共享中心的建设与运行	何瑛等(2013)
	高管支持	OR2	高层管理者认为有必要实施财务共享服务以优化财务管理流程	
	人员管理	OR3	公司对员工有着定期培训	
	绩效管理	OR4	公司有着精细而透明的业绩评价	
环境(environment)	竞争压力	EN1	建设财务共享中心可以使公司获得竞争优势	徐峰(2012)
	潮流压力	EN2	公司的竞争对手实施了共享财务	
	规范压力	EN3	政府部门或行业协会要求建设财务共享中心	
	政策压力	EN4	政府部门鼓励公司建设财务共享中心	

本问卷使用李克特五级量表，问卷受访者在回答每一个量表题时可以选择1~5对量表题项进行打分，1~5分别代表完全不符合、不符合、不确定、符合、完全符合。

3）变量定义与模型构建

被解释变量：财务共享中心成熟度。该变量借助前述成熟度模型构建，从战略，组织、治理、合规性，持续改进，业务流程，客户关系，业绩管理，人力资源管理及系统技术八个维度进行评价，将这八个维度的分值进行算术平均得出综合分值，数值越大代表企业财务共享中心成熟度越高，发展水平越高。

解释变量：技术状况、组织状况、环境状况，分别使用对应变量下的题项得分平均值来加以衡量。

控制变量：公司规模、所属行业和公司所有权类型，用以控制除解释变量外其他可能对财务共享中心成熟度产生影响的因素。

本回归分析的变量定义见表5-2。

表5-2 **变量定义**

类型	变量名称	说明
因变量	Maturity	财务共享中心成熟度：前述调查得到的成熟度综合分值
自变量	TE	技术状况：对技术题项的得分取平均值
	OR	组织状况：对组织题项的得分取平均值
	EN	环境状况：对环境题项的得分取平均值
控制变量	Size	公司规模：营业收入大小，取自然对数
	Industry	所属行业：行业虚拟变量，依据证监会2012年行业分类标准
	Type	公司所有权类型：当公司为国有企业时，取值为1，否则为0

根据假设1、2、3，构建如下模型：

模型1：$Maturity = \beta_0 + \beta_1 TE + \beta_2 Size + \sum \beta_i Industry + \sum \beta_j Type + \varepsilon$

模型2：$Maturity = \beta_0 + \beta_1 OR + \beta_2 Size + \sum \beta_i Industry + \sum \beta_j Type + \varepsilon$

模型3：$Maturity = \beta_0 + \beta_1 EN + \beta_2 Size + \sum \beta_i Industry + \sum \beta_j Type + \varepsilon$

4）描述性统计分析

各变量的描述性统计见表5-3。

表5-3 描述性统计

题项	极小值	极大值	平均值	标准差	偏度	峰度
Maturity	1.25	3.88	2.42	0.69	0.58	-0.65
TE1	1	5	4.08	0.96	-0.83	0.06
TE2	1	5	3.92	1.04	-0.68	-0.46
TE3	1	5	4.29	0.82	-1.32	2.32
TE4	1	5	3.97	0.94	-1.05	1.45
TE5	1	5	3.90	0.96	-0.85	0.56
TE6	1	5	3.70	0.99	-0.76	0.34
TE7	1	5	3.07	1.18	-0.13	-0.78
TE8	1	5	2.86	1.24	0.10	-0.95
OR1	1	5	3.75	0.99	-0.85	0.50
OR2	1	5	4.13	0.77	-1.11	2.43
OR3	1	5	3.79	0.97	-0.68	0.21
OR4	1	5	3.53	0.99	-0.25	-0.40
EN1	1	5	3.76	1.03	-0.90	0.54
EN2	1	5	3.66	0.94	-0.47	0.08
EN3	1	5	2.79	1.01	-0.15	-0.43
EN4	1	5	3.38	1.00	-0.51	0.30

本次调研对财务共享中心成熟度的各个维度进行A~D级评分，分别对应1~4分，然后进行算术平均得出综合分值，数值越大代表样本企业的财务共享中心成熟度越高。成熟度均值为2.42，意味着被调研企业财务共享中心的平均发展水平处于中级，财务共享中心的建设仍然有着较大的空间，

财务共享中心成熟度的偏度和峰度绝对值小于1。各题项的标准差为0~1.3，主要变量和多数题项的偏度和峰度绝对值小于1，表明变量值基本处于合理范围。

5）回归结果

回归结果见表5-4。

表5-4 **回归结果**

	（1） 技术	（2） 组织	（3） 环境
TE	0.463*** （5.17）		
OR		0.553*** （7.00）	
EN			0.533*** （5.51）
Size	−0.0487 （−1.03）	−0.0261 （−0.62）	−0.0329 （−0.71）
_cons	1.791* （1.87）	1.146 （1.37）	1.484 （1.64）
Industry	控制	控制	控制
Type	控制	控制	控制
N	91	91	91
R^2	0.446	0.551	0.466
adj.R^2	0.267	0.406	0.293

注：***、**、*分别表示回归系数在1%、5%和10%的显著性水平上显著。

回归结果表明，在控制了公司规模、所属行业、公司所有权类型的条件下，技术状况（TE）与财务共享中心成熟度（Maturity）在1%的显著性水平上呈正相关关系（回归系数为0.463），假设1得以验证，即企业已有技术系统越先进，技术稳定性、兼容性等条件越好，财务共享中心成熟度越高，发展水平越高。组织状况（OR）与财务共享中心成熟度（Maturity）在1%的显著性水平上呈正相关关系（回归系数为0.553），假设2得以验证，即良好的组织状况可以促进财务共享中心的发展，适宜的组织结构或者高管支持财务共享中心的建设等条件有助于提升财务共享中心的建设水平。环境状况（EN）与财务共享中心成熟度（Maturity）在1%的显著性水平上呈正相关关系（回归系数为0.533），假设3得以验证，即企业财务共享中心的发展水平受到外部环境的影响，竞争压力、所属行业或政策的要求与支持都会影响财务共享中心成熟度，良好的外部环境具有正向促进作用。

回归结果验证了前述假设，即在企业建设财务共享中心的过程中，良好的技术状况、有利的内部组织状况及外部环境状况均会对财务共享中心的发展水平产生积极影响。

5.5 总结

财务共享服务是一项技术推动的管理创新，本书通过问卷调查分析了解财务共享中心建设情况、财务共享中心成熟度以及财务共享中心建设水平与技术之间的关系。

财务共享中心对于降低成本、控制风险、降低程序的无效性等有着独到的优势，但同时财务共享中心的出现也会对一部分财务人员的工作产生冲击。财务共享中心对于技术有着较高的要求，因此，企业在建设财务共享中心时需要重视对技术的投资，财务人员也需要积极学习技术，调整自身，以适应财务共享中心的兴起。

通过对调研结果的分析可以得出以下结论：（1）许多企业为了降低成本、控制风险和降低程序的无效性，陆续参与到财务共享中心的建设当中来，并且许多企业已经在集团层面建立起全国服务中心，在财务共享中心的建设方面已经取得较大的进步。（2）财务共享中心建设水平可以用成熟度衡量，对成熟度可以从八个维度进行评价，目前财务共享中心整体处于中级阶段，并且在各个维度上的发展水平参差不齐，呈现重规划、轻运营的特点。(3) 各个企业对于技术的了解以及使用情况存在着较大差异，已建设财务共享中心的企业对于技术的了解以及使用情况均好于未建设财务共享中心的企业。技术的进步对于财务共享中心的建设有着较大帮助，并且企业普遍对技术的投资建设有着较强的意愿。(4) 良好的技术状况、组织状况以及环境状况会对财务共享中心的发展水平产生积极影响。

第6章 财务共享服务中心转型的双案例分析

6.1 JE公司智能财务共享管理体系

SG公司是国有独资公司（央企），是关系国民经济命脉和国家能源安全的特大型国有重点骨干企业。公司以投资、建设、运营电网为核心业务，经营区域覆盖我国26个省（自治区、直辖市），供电范围占国土面积的88%，供电人口超过11亿人，是全球最大的公用事业企业、世界500强企业。

JE公司成立于1999年，是SG公司的全资子公司，以经营、管理、建设电网为主营业务。公司设置业务支撑和实施机构8家，地市供电公司9家，县公司49家，用工总量36 547人。截至2017年末，公司资产总额517.7亿元，资产负债率60.41%，售电量556.07亿千瓦时。在SG公司下设的27家省公司中，JE公司规模较小。

随着能源革命与数字革命融合发展，国企数字化转型加速推进。SG公司早在2009年就提出了“坚强智能电网”的发展规划，旨在建设具有信息化、数字化、自动化、互动化特征的智能电网。自2016年起，SG公司以市场和客户为导向，依托“大数据、云计算、物联网、移动互联”技术，融合“开放、共享、共赢、跨界”的互联网思维，变革服务组织、拓展服务渠道、再造服务流程，创新建立“互联网+”供电服务新模式。供电服务新模式以管理创新、技术创新、服务创新为重要措施，构建高效共享、智能互动、安全有序的新型电力营销服务平台（周开保等，2018）。2019年3月，SG公司首次提出泛在电力物联网规划，即围绕电力系统各环节，充分应用移动互联、人工智能等现代信息技术、先进通信技术，实现电力系统各环节万物互联、人机交互，打造具有状态全面感知、信息高效处理、应用便捷灵活特征的智慧服务系统（王静，2019）。根据规划，SG公司积极借助科技创新，推动移动互联、区块链、人工智能等公共服务平台的建设，打造“平台+应用+服务”的生态链条，赋能前端业务应用，培育业态新模式（国家电网报，2020）。

SG公司作为集团型企业，针对财务管理层级多、管理复杂度高，业财税联动难、财务管理标准难、政策执行统一难、风险防控落地难等痛点，只有加快网络化、数字化、共享化、智能化转型，推动集团智慧财务共享管理体系建设，加大建设工作力度，推进集团财务管理转型升级，依靠模式创新突破管理瓶颈，才能有效平衡风险管理、效率提升以及价值创造之间的关系，为公司高质量转型发展提供强有力的专业支撑。自2006年起，SG公司开始进行财务集约化的建设。根据信息化建设规律，从标准、应用、技术三个方面分阶段、分步骤地逐步推进。在第一个五年，以“标准、功能、集成、应用”为工作重心，初步建成一体化的财务信息平台；在第二个五年，在标准化的基础上，深化业财融合；目前为第三个五年，在财务与业务数据信息化的基础上，融合“大智移云物”等新技术，优化系统应用功能，构建智慧化的财务系统。

作为SG公司第二批全业务统一数据中心推广单位，JE公司在信息化建设方面起步较早，2018年已推进数据共享与业务的融合，2019年底上线云平台、数据中台与物联管理平台，有力推进泛在电力物联网建设，推动了多维精益管理模式的形成（北极星输配电网，2019）。作为集团财务信息化建设试点单位，JE公司在财务信息化建设方面也积累了宝贵经验。2018年4月，JE公司开始进行资金管控系统的变革，建立起资金集约化管理平台；2019年，JE公司致力于转向智慧共享平台，并逐步建立起核算智慧共享平台和税务智慧共享平台；2020年，JE公司建成以资金共享平台为基础、以数字财务共享平台为支撑、以税务共享平台为驱动的集团智慧财务共享管理体系（如图6-1所示），推动企业财务的数字化、网络化、共享化、智慧化转型，从而实现整个企业的数字化转型。该体系实现内部信息融合、外部信息协同，实现全业务信息智能采集、全业务场景智能化处理，依靠集团税务智慧管控引导业务流程规范，以业务流程驱动经济业务智能核算，最终实现业务流、信息流、资金流“三流合一”管理，达到财务智慧共享的目的。该体系获工信部2020年工业企业管理会计最佳实践案例（国家电网，2020）。2020年，JE公司还将充分发挥已建立的资金、核算、税务智慧共享平台①先行一步的优势，在已有的共享体系的基础上重塑预算管理体系，探索预算管理的共享与智慧转型，全面推进提质增效（徐搏、王淼，2020）。

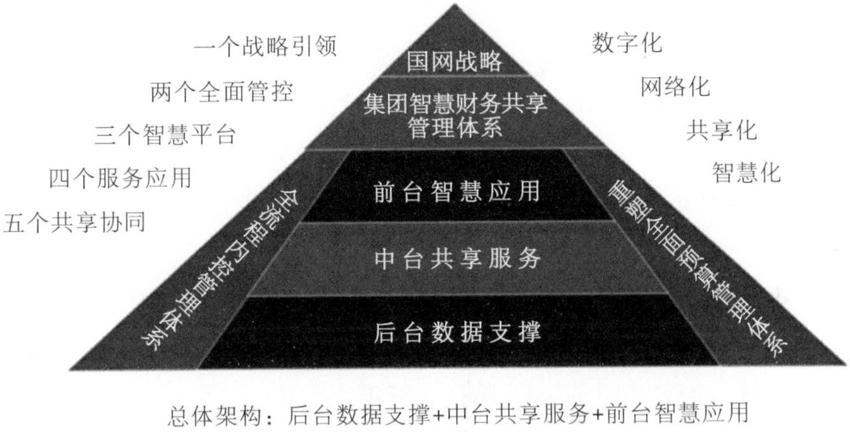

图6-1　JE公司开创的集团智慧财务共享管理体系

资料来源：国家电网有限公司官方网站．“老变精神”与智慧财务［EB/OL］．［2020-08-06］． http：//www. sgcc. com. cn/html/sgcc_main/col2017021449/2020-08/06/20200806180848751823443_1.shtml.

① 下文关于三个智慧平台的资料，主要参考吉林电网官网、官微以及下列文献等并根据对相关人员的访谈分析而得：

徐搏，张玉峰．新体系，让资金管理更安全［EB/OL］．［2019-02-21］． http：//www.chinapower.com.cn/dwqygl/20190221/1266645.html.

国资报告．《央企财务变革进行时：从共享服务到财务数字化》专刊［EB/OL］．［2020-07-16］． https：//server.9yuntu.com/doc/14DruhIcshaAk8CaBQU341.

金花，陈雪莹．浅谈财务助手在国家电网公司的应用实践［J］．财经界（学术版），2016（20）：263-264.

财务云．国网吉林省电力有限公司携手中兴新云·财务云，圆满完成智慧税务建设工作［EB/OL］．［2019-12-23］． https：//mp.weixin.qq.com/s/TvOMFaSDPQLniLipOFRLWw.

陈锋．打造数字税务领域“央企+吉林”样本［EB/OL］．［2019-11-20］． http：//m.people.cn/n4/2019/1120/c1206-13418270.html.

1）资金智慧共享平台的建设

（1）资金集约共享

2018年4月，SG公司开始深化“1233”资金管理体系建设，发布《资金管控优化提升实施方案》，推进业财数据标准统一、管理规范、流程贯通。JE公司为首批试点单位之一，首先推广应用的是资金集约化管理。在213天里，JE公司动员3.2万人，集合18家参建单位，创新开展了电费“一省一行一户”“省级集中支付”“资金收支日排程”三项改革。

变革前，JE公司有1 420万个客户，119个账户，电费经由13种不同的交费渠道汇入各个银行账户，经过对账、审核、复核，再汇入省级账户。变革后，JE公司建立“一省一行一户”模式收缴电费，取消省级、市级、县级的分散账户，选定7家定点银行，各银行仅开设一个省级电费账户。通过系统整合，JE公司优化设计13种线上、线下缴费通道，并与7家定点银行账户对接，实现银行收费系统、国网电商平台、财务管控系统、营销SG 186系统等多个系统互联互通，通过建立省级资金管控中心实时回笼资金。

JE公司统设1个省级集中支付账户，撤销分公司支出账户，子公司只保留1个基本账户并实施省级集中管理。JE公司实行资金省级直付，由多点备付转为单点备付，下属公司各项支出由省级资金集约中心统一支付。

资金集约共享使得资金实现高度的物理集中，促进资金精细化管理，提高资金运营效率。资金集约全面推动业务流、信息流和资金流“三流合一”，为新型资金管理如何落实SG公司战略目标做出率先尝试。

（2）资金智慧共享

JE公司的资金集约共享使得资金在物理上高度集中，对于资金的掌控非常高效。在实现“一省一行一户”之后，全省原本需要110人才能完成的工作量，现在只需要65人即可完成；在实现省级支付后，原本需要80人才能完成的支付工作量，现在只需要30人即可完成。一批出纳人员逐步向资金管理岗转变，大大节省了财务成本和人力成本。但是，国企体制下的组织变革并没有想象中的那么顺利，在资金集中的同时也暴露出组织结构、外部矛盾、业财壁垒等问题，主要表现在以下几个方面：一是资金集约下的组织结构转型难。JE公司在通过运用集约化资金管理平台实现资金高度集中统一管理、财务成本和人力成本大大降低的同时，却面临着国企体制下人员转型的困难，财务人员跨部门流动出现较大阻碍。另外，集中的财务共享导致财务部门与业务部门分离，业财之间也出现较大的壁垒。二是除资金集约以外的其他财务管理难。这表现在税务管理难和核算管理难两个方面。一方面，JE公司涉税种类多、复杂度高、政策变化快，公司内部缺乏高效的税务管理组织架构，也没有高度信息化支撑，很难应对复杂的税务流程。另一方面，人员对财务法规政策的把握存在偏差，财务数据存在准确性、规范性不足的问题，并且在评估、预防、控制和管理风险方面也存在难度，下级部门未按照标准提交对应的决策分析数据，导致决策层难以参考分析。

究其原因，首先，资金集约是对财务数据（主要是资金数据）的简单集约，集约后的数据难以创造价值，IT融合程度较差。其次，企业内部多系统并存，各系统之间的联系不够优化，业财之间存在较高壁垒，缺乏业务和财务的有效融合。在与外部联系方面，没有智能的信息交互能力，导致无法对法规政策、外部环境的变化做出迅速的反应。面对困难，2019年，JE公司在资金集约的基础上进一步优化共享，运用先进的信息技术建立了资金智慧共享平台。资金智慧共享平台以实现“账户集团管控，资金集中管理，收支统一结算，风险集约监控”为工作目标，坚持系统融合，集成贯通财务、营销、银行、电商和结算等22个内外部信息系统，实现系统智慧联控，实现集团资金收付款“省级集中”、收款共享运营、付款共享运营、现金流“按日排程”及产融结合“嵌入式”发展。

在资金收支方面，JE公司基于应收、应付款项明细及合同收付款条款、订单等信息，获取各类预计收付款信息，按时间、金额、收付款进度比例、款项性质及收款方式等预计资金收付款时序，形成收付款结算池；建立全业务、端到端的业财融合方案，所有业务事项审核完成后先入池再排程。JE公司通过大数据和云平台实现各缴费渠道缴费情况的可视化，并利用算法对缴费来源、区域、时段等进行大数据分析，挖掘用户多样化信息，深化财务部门与业务部门的数据共享，提升电费管理水平。

另外，JE公司打通ERP系统、财务管控系统以及企业内部其他子系统，实现供应商信息对比、上下游信息汇总、其他业务部门信息综合等功能，为选取效益最大化的优化支付方案提供数据支持；根据资金支付全流程管理要求，引入支付申请单管理理念，实现付款订单业务信息穿透查询和全量展示；重构资金收支业务标准流程，实现所有收付款业务由前端发起、信息全流程在线反映、资金安全可控在控，进一步明晰业务管理和财务管理职责，提升业财协同管控能力，全面提升资金管理安全、效率和效益。

在现金流排程方面，JE公司建立统一省级智慧支付策略，在系统中自动确定策略优先级，优化付款时序及付款方式，获取最大支付收益。资金预算由以前“月度控制”变为“按日排程”；通过收款结算池、付款结算池等措施，做到收支预算以“日”为维度，进一步提升管理精细化水平；基于大数据和人工智能分析技术，根据收付款结算池中的收付款业务信息，按预计收款时间形成资金收款时序排程，依据业务特性及合同付款条款要求形成资金支付时序排程，通过对业务、时间、金额、款项性质等进行多维配比，组合资金收支排程信息，绘制资金日排程曲线，形成现金流日预算；按日预测未来现金流入、流出及余额，动态跟踪资金状况及动向，实时监控资金日排程执行过程，科学安排外部融资和内部运作，减少融资的频率，缩减融资的规模，削峰去谷平滑资金曲线，提高资金的使用效率，提升资金统筹平衡能力。除了资金池与收付款结算池，JE公司还设立了发票池和票据池，形成“五池智能联控”的财务管理模式，使资金管理更加高效智能。其中，全票种发票池实现了税务端“底”账与企业端“实”票信息同库共享，为后续的智慧税收管理系统奠定了基础。

在产融结合方面，JE公司与国网电商公司（现更名为国网数科控股公司）推进产融协同平台建设，共同拓展产业链金融业务；应用“电e宝”实现全省公司人员工资集中发放，应用“光e宝”支付光伏补贴和购电费，应用发票识别系统、国网商旅APP等支撑资金省级直付；利用中国电力财务有限公司提供的结算服务通道和融资服务保障，以及英大集团提供的车险、寿险、财险、股票托管、资产证券化等金融服务，形成由JE公司与国网电商公司、中国电财、英大集团构成的新的利益共同体；与中国工商银行联合开发“工银e融达”新型交费产品，与中国邮政储蓄银行开展“双网融合”，实现银行网点与JE公司营业网点“手拉手”式合作，逐步形成平台生态系统。

运用大数据、云平台、人工智能等信息技术构建资金智慧共享平台，使得JE公司的电力资金集约管控中心成为智慧财务共享管理体系中的资金调度中心、管控中心和创效中心，帮助企业实现了资金集约管控、内部控制全流程嵌入、智慧支付策略、资金日调度和资金风险集约监控，提高了企业资金运行效率及安全性。

2）核算智慧共享平台的建设

（1）核算集中共享

2016年3月，JE公司的员工报销业务小助手功能上线应用，对原本线下分散的记账、算账等财务工作做了集中处理，帮助员工进行正确的标准化核算，降低差错成本，但是从本质上看只是将重复的会计核算工作进行标准化处理，优化财务核算流程，仍然存在财务数据不够准确、决策可参考数据不足等弊病。

（2）核算智慧共享

从2019年起，JE公司在核算集中的基础上推动核算智慧共享平台建设。核算智慧共享平台依托资金智慧共享、税务智慧共享及多维精益管理体系建设成果，围绕“微服务+共享应用平台+接口平台”总体架构，应用图像识别、语音识别、移动互联、内外网穿透等技术，实现了“核算信息智能采集、核算业务智能处理、核算凭证自动生成、经济业务智能分析”的工作目标。

通过人工智能，结合光学字符识别（OCR）技术，扫描识别外部原始凭证并以影像方式储存于共享中心，汇入发票池。人工智能利用算法把图像信息转化为可编辑的电子文本信息，既确保了原始信息的高效准确录入，又使得原始凭证电子化，汇聚成巨大的信息池，为共享中心提供了强大的数据支持。

人工智能在原始业务信息的基础上对核算流程进行自动化处理，自动生成各类报表。将交易信息引入财务管控系统和企业资源计划（ERP）系统，双系统协同作用，全面梳理核算业务流程，逐个场景设计核算规则，在提高效率的同时实现全过程管理。在数据高度集中的情况下智能生成的财务报表，不但使报表里的数据都“有迹可循”，还能按照需求生成多样化、个性化、适合于不同使用场景的报表，有助于管理人员对经济业务进行智能分析，对企业决策起到重要作用。

在核算智慧共享平台中嵌入规则引擎及流程引擎，不仅大大降低了系统的维护成本，而且提高了企业财务系统的灵活性，财务系统可以根据企业需求的变化及时做出反应。

3）税务智慧共享平台的建设

（1）税务管理问题

JE公司涉税种类多、复杂度高。税收政策变化快，公司内部缺乏高效的税务管理组织架构和信息技术支持，难以解决内外联动难、发票管理难、标准统一难、税险防控难、纳税筹划难、决策分析难等痛点问题。智慧转型前，税务管理主要依靠的是会计人员的专业素质和个人理解，存在成本高、效率低的问题。

（2）税务智慧共享

在吉林省政府提出建设数字吉林的背景下，2019年，JE公司与吉林省税务局深入合作，开发建设集团税务智慧共享平台，依托“互联网+税务”“物联网+人工智能”等技术，全面优化58项涉税业务流程，集成贯通17个内外部系统，重构集团税务管理流程。当年11月，平台上线运营。

税务智慧共享平台以实现“集团税务管控，智慧税企互联，风险全面防控，辅助决策分析”为工作目标，将原始凭证电子化，能智能识别多种发票，覆盖多种业务场景；建立全票种发票池和税企直连平台，搭建供应商智慧共享平台，利用大数据从各子系统中抽离出涉税业务，整合形成涉税业务系统；建立国内首条税企直连通道，获取税务局底账库，智能监测涉税事项，将涉税发票分门别类传送至下一环节；利用大数据挖掘和相关性分析大大减少了繁杂的工作量，使得企业的税收模块更加清晰明了；运用机器学习技术，在系统中引入税法规定，使得税务政策实时变化并直接引导系统判定，为税收管理提供标准化指导依据，提高税收系统的可操作性。

智能缴税环节通过人工智能监测，规范企业从税收核算、纳税申报到税款缴纳、税收登记全链条，从实际纳税情况出发进行企业税收的预测与筹划；利用人工智能技术，基于事先输入系统的税务管理知识规则，有效建立评估体系和指标预警，为企业进行税务分析决策提供技术支持，大大提高了企业的税务风险防控能力。

税务智慧共享平台打破税企管理边界，突破内外网阻隔，架设直联通道，双方系统全面对接，职能充分耦合，打造数据互通、业务互联，共建共享新业态，形成“总对总”办税新模式、税企e网通、发票“一个池”、税企“一本账”、监控“一张网”、管理“一平台”，税务部门在监管与服务之间实现高效平衡，企业实现税务集团管控、业务办理全程智能，从而实现税务管理部门、电网企业、电力客户、供应商等多方共赢，同时结合“结算电小二、报账电小二、客服电小二”三个智慧服务应用优化了营商环境。

该平台充分运用新技术，推动集团税务实现由线下向线上、由手工向智能、由分散向集约“三个转变”，税务职能由事后监管向事前预防和事中防控全面转型。该平台的建设在全国开创了一条税务集团管控与智慧税企融通、共享、共同创造价值的新路径。

6.2 海尔的智能财务共享生态圈

海尔集团成立于1984年，是一家全球领先的美好生活解决方案服务商。海尔专注于冰箱、洗衣机、电视机、热水器、空调以及智能家电等产品的生产，旗下拥有海尔、卡萨帝、统帅、海尔兄弟等众多生态品牌。目前，海尔设立了“10+N”开放式创新体系、25个工业园、122个制造中心、108个营销中心和143 330个销售网络，已连续11年稳居欧睿国际世界家电第一品牌。在万物互联的物联网时代，海尔率先在全球创立物联网生态品牌，连续2年作为全球唯一物联网生态品牌，蝉联“BrandZ™最具价值全球品牌100强”①。

在海尔蓬勃发展的背后，是其30多年来的锐意进取、不断转型。海尔在不同时代有不同的战略，从1984年发展至今，先后经历了名牌战略阶段、多元化战略阶段、国际化战略阶段、全球化战略阶段、网络化战略阶段和生态品牌战略阶段，平均每7年实现一次战略转型（如图6-2所示）。从2005年起，海尔集团开始从家电制造商转型为服务商。为了适应战略的转变，海尔创新地提出了人单合一的管理模式，使每一个员工都成为自己的CEO。在管理变革的时候，海尔打破组织边界，进行颠覆式组织变革。首先是建立以自主经营体为中心的倒三角形组织。之后，随着网络化战略的实施，形成网状节点平台组织结构。到了2019年，海尔开始构造包括互联网+工业、商业、住宅等7个解决方案生态圈，形成生态组织结构。海尔从价值型企业转型成为平台型企业，进而转变为生态型企业，成为创业孵化平台，构建共创共赢的物联网社群。战略转型，使海尔引入新的商业范式和管理模式，这也使得企业财务组织、流程管理、服务理念随之而变。从全球化战略阶段开始，海尔通过建立财务共享中心推动传统财务管理向集权式财务管理进而向智能财务管理转变。战略转型的成功离不开财务转型，而财务转型的成功离不开财务共享中心的建设。

1）全球化战略阶段的财务共享中心初建

自2005年起，海尔开始在海外生产和销售，实施全球化战略。此时，以自主经营体为核心的人单合一管理模式已经形成，并提出了“创造资源，美誉全球，人单合一，速决速胜”的海尔精神。与此同时，张瑞敏提出了“做规划未来的财务”的定位，海尔的财务管理从2006年起展开变

---

① 关于其财务管理与财务共享的发展，主要基于来自海尔官网、相关会议上海尔的资料分享、对企业相关人员的访谈等以及下列参考文献：

武永梅．世界500强财务总监管理日志［M］．天津：天津科学技术出版社，2017．

曹仰峰．第四次管理革命［M］．北京：中信出版社，2019．

董兴荣，李菲．海尔集团：物联网时代的共享平台和智能财务［J］．财资中国，2018（8）．

李婧．“人单合一”模式下海尔集团财务共享创新研究［D］．武汉：湖北经济学院，2019．

董兴荣．数字财务：“新角色+价值链+生态型”的数字化重塑［J］．财资中国，2018（12）．

邵新智．互联网时代的海尔财务共享之路［J］．财务与会计，2016（21）．

郝新华．田高良：平台+生态、智能+中台，成就财务共享三重境界［EB/OL］．［2020-05-09］．https：//mp.weixin.qq.com/s/94QxQ3S2VWXkwFH8VbWyoQ．

ACCA华北．场景多元触点的财务数字化共享赋能探索［EB/OL］．［2020-08-07］．https：//mp.weixin.qq.com/s/G6DjKMZlLTgMJqg2v0VOYg．

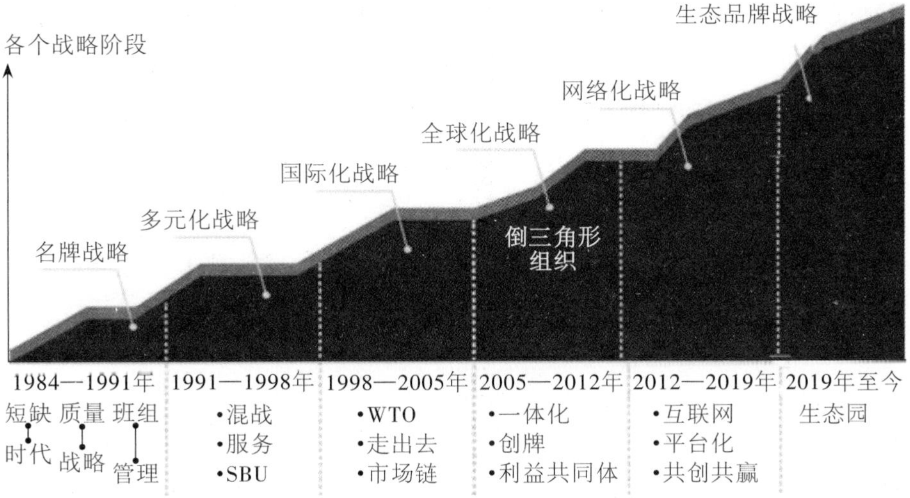

图6-2 海尔的战略发展阶段

资料来源：董兴荣，李菲. 海尔集团：物联网时代的共享平台和智能财务［J］. 财资中国，2018（8）. 有改动。

革，对战略定位、管理模式和流程管控进行彻底再造，以匹配当时的企业战略和商业模式的变革。

（1）海尔的财务转型始于人员和组织结构的转型

在转型之前，海尔的财务核算及管理采用的是二级法人、三级核算模式。各子公司内部均设有财务部门进行经营业绩核算，每年年末再由各事业部编制事业部合并财务报表报送集团财务中心，最后由集团财务中心编制集团财务报表。这种模式带来的弊端是，财务核算层次繁多导致财务信息滞后且准确性下降，人员、机构规模庞大导致集团成本较高等。集团组织结构调整后，原职能部门大幅削减，从原来的提出指令转为调整后的为一级经营体提供资源，这自然要求财务职能发生转变。转型前，财务部门70%的人员从事基础核算工作，20%的人员从事专业财务工作，10%的人员从事业务财务工作。转型后，通过三分法将财务岗位设置为业务财务、专业财务、共享财务。业务财务成为驱动业务发展和构筑行业领先地位的战略伙伴，专业财务通过建流程、立标准驱动业务并利用税务、预算等专业知识创造价值，而资产核算、资金支付、费用报销、总账报表等核算流程从原财务组织中剥离出来，借助信息化手段实现全流程信息化管理，并对核算人员实现物理集中（人员集中），同时，利用互联网技术开发了云工作平台，建立高效交易处理的集约型财务共享中心，实现了海尔财务“集中的更集中、分散的更分散”的运营模式。

在财务组织转型后，70%的人员发挥业务伙伴（包含业务财务和后来新设的战略财务）的作用，10%的人员发挥技术财务（涵盖税务、现金、风险控制等领域）的作用，另外20%的人员在财务共享中心担当交易处理者、资金管理者、绩效（数据）支持者与风险管控者①。财务体系的人员从原来的2 000人降至800多人，其中，财务共享中心的200多人承接了当年1 800多人才能完成的核算工作，不仅财务人员的数量变少了，而且财务人员的职能也发生了转变，从单纯的以账务处理为主的角色转变为驱动业务的决策支持者，进而发展为战略引领者，即从价值守护者转型为价值创造者。

（2）财务是引领流程再造的部门，财务共享是财务管理转型的前提

2006年以前，在海尔的财务管理体系中，各个产品线拥有自己的财务单元，包括三个中心，即核算中心、成本中心和经营中心。2007年，海尔实施了流程再造项目，建立了财务共享模式，这也是海尔财务管理模式转变的重要前提。公司将各业务单元的核算中心分步集中共享，先集中了总部所在地青岛地区的业务单元，然后从2008年起逐步扩大至青岛地区之外的业务单元，紧接着走向全球，为旗下多家法人公司提供全球财务共享服务，全过程持续了3～4年的时间。以共享服务为切入点，财务组织由原来的管钱、管物、管账的核算型组织转为规划未来的管理会计型组织。

此时海尔的财务共享服务中心包括会计平台和资金平台两部分。会计平台涵盖质量管理、费用稽核、资产核算、往来清账、总账报表、税票服务、收付服务以及税务申报8个共享服务模块，资金平台涵盖金融风险、资金运营、融资平台3个共享服务模块。

财务共享服务在实现财务核算集中化的同时，还需要实现业务流程的优化。对120多个财务流程进行“端到端”的优化设计，梳理成总账、应

① 武永梅. 世界500强财务总监管理日志［M］. 天津：天津科学技术出版社，2017.

收、应付、固定资产、费用预算控制和资金管控6个模块24个流程，并建立了标准业务流程，实现数据定义统一、会计科目统一、企业数据仓库统一、会计核算流程统一、会计账套统一，以及不同区域法人公司的会计核算集中化和标准化。同时，由于信息技术的发展，报账系统和电子影像系统的应用使得电子凭证和线上审核成为可能，提高了审核的质量和效率。

（3）财务共享服务独具特色

到2012年，集中共享的全球财务共享服务中心建设基本完成，其具有以下特色：

① 效率、质量、合规。通过标准统一、流程统一、组织统一、信息化平台统一、资金池统一，海尔实现了自动化管理。通过业务流程全面共享、质量管理和流程标准化、信息一体化，海尔将风险控制点嵌入流程并固化至信息系统，从事后的风险发现转化为事前的流程闭环及优化，用主动的风险预警推动业务端改善。

② 云平台。“海尔云”实现财务资源共享，支持企业的业务整合和快速扩张。2009年，海尔推行了以下举措：“云抢单”，即建立一个订单池，实施以人为索引的管理看板，人手一张损益表，所接订单与绩效考核收入挂钩，人单合一；“云单证”，即所有电子凭证全部在平台上在线生成、调取、管理；“云清算”，从预算、订单到收入的确认、费用的结算等都同步上传、自动清算；“云往来”，即针对供应商、客户、银行等的往来管理均在线上完成。财务共享中心成为公司未来决策的重要数据支持平台。

2）网络化战略阶段成熟的财务共享服务

自2012年起，海尔开始进行全球化战略的整合布局，不断收购海外品牌，实施网络化战略，同时提出了“诚信生态，共享平台”的海尔精神，企业向平台型组织转型。此时的财务共享服务除了原来的会计平台和资金平台外，又增加了税务平台，业财税一体化平台呈现，成熟的财务共享服务为财务进一步转型创造了条件。海尔的财务与集团战略和业务相匹配，通过财务模式、财务流程、财务组织和机制的创新使其从事后核算转为事前算赢。

算赢的前提是知己知彼。财务共享中心的自动化使财务部门得以将大量精力从重复性的账务处理中转移出来，融入业务，参与到前台流程中，财务数据成为向自主经营体提供信息的雷达。财务为自主经营体设计价值和盈利模式，为其提供事前算赢的决策支持，与业务人员一起创造价值、洞察机会。

海尔自创性地提出了“事前算赢”的管理会计体系，实施了“端到端”（E2E）管理报表，形成了自主经营体的损益表、日清表和人单酬三张报表，将“小微”每天的销售、成本、营收、利润全部列入E2E损益表中，为各类业务人员和自主经营体实时展现成果提供支持。2015年人单合一模式进化，通过对原先报表的整合打通用户数据，提出了全新的以用户为中心的第四张表——共赢增值表，将财务数据和非财务数据相结合，从用户资源、资源方、生态平台价值、收入、成本和边际收益六个方面来监控、评价和驱动企业、利益攸关方和用户的增值。转型后的财务人员从财务会计转至管理会计，财务开始成为企业价值的驱动者和引领者。

此时的财务具有上接下挂、引领后联的特点：上接集团网络化的战略，洞察市场机遇，同时保障战略的落地；下挂集团的创客和小微，提供活而不乱的支持；引领，是管理会计即财务事前参与到业务决策中，让业务人员能够在事前明确标准；后联，是事后联动着财务共享中心，通过财务共享中心输出标准的会计报告以及企业中非常精准的节点、结构化数据，实现企业经营核算端和管理节点的数据并联，为企业经营分析和决策提供更多的支持。①

配合这一时期的商业模式，海尔形成了具有“人单合一”和“小微众创”模式的全球财务共享服务，有力支持了集团战略转型。海尔集团战略部对财务共享中心的评价是“财务共享服务使绩效考核实时呈现成为可能，取数逻辑固化，业绩考评公正、公开、透明化。战略目标以量化方式与个人绩效挂钩，结合其他工具和方法，为各类业务人员及经营体实时展现绩效成果”。

3）生态品牌战略阶段的智慧财务大共享平台

在物联网时代，面对体验经济、共享经济的发展趋势，海尔集团在战

① 董兴荣，李菲. 海尔集团：物联网时代的共享平台和智能财务［J］. 财资中国，2018（8）.

略、组织等方面进行了颠覆性探索，在2019年提出了“诚信生态，共赢进化，人单合一，链群合约”的海尔精神，打造以用户为中心的共创共赢生态圈，实现生态圈中各相关方的共赢增值，打破传统企业封闭、固化的状态，转向平台化、生态化企业，海尔进入生态品牌战略阶段。实际上，在上一战略阶段，财务转型就开始深化了。

（1）以用户为中心的财务生态圈

随着大数据、云计算等信息技术的飞速发展，各类信息技术被广泛运用于企业管理中，同时，物联网时代下共享经济的快速发展也使得企业管理模式不断转型。2015年，海尔人单合一模式从1.0升级到2.0。随着小微及生态平台的建立和管理模式变革的启动，海尔需要建立相应的运营平台。

早在2014年，海尔财务组织就开始探索财务组织重构，最终形成三级平台体系，包括前台、中台和后台。前台是企业组织生态中的小微、创客等；中台即秉承共创、共享、共治的理念，采用非线性管理的小微创业平台模式，包括财务共享、全球资金、税务、战略、法务、人力共享、数据技术服务（DTS）等10个平台的大共享平台；自2019年起，将大共享平台中的数据平台抽取出来，在云端搭建了财务共享中心的“财务数据与智能云平台”，此即“后台”，其集合了业务和财务数据，不仅实现了业务上对供应商的直接结算，而且基于电子发票信息，利用业务、财务数据库为决策提供数据支持，将人工智能技术融合到财务管理的各个流程中。

此时的海尔财务从传统的职能部门转型为融合多维度服务体系的一体化平台——海尔财务共享平台，涵盖财务共享、人力共享、资金、税务、商业法律、DTS等多个大专业平台。将会计、税务、融资、外汇、现金池、客户和政府等社群融为一体，内部破墙，链接专业领域，对外链接政府、银行等。全球财务共享平台成为推进平台生态战略的有力支撑，推动整个生态价值共创、共享、共治，从专业、科技、机制和生态四个维度对小微业务进行赋能，构造了一个直面用户需求，与用户零距离、多维、动态、自组织的财务生态圈，为集团核心产业（包括白色家电平台、服务投资孵化平台、金控平台、地产平台以及文化产业平台）提供高效增值服务，依靠集团财务生态圈的数据平台，并联集团内外大数据资源，构建开放共享的企业级数字化平台体系，加速提升企业的数字化能力，促进海尔财务的数字化转型。

（2）大共享赋能平台

信息技术的发展推动了海尔财务共享平台的建设。海尔在财务共享平台的成熟阶段，积极跟随智能技术的发展，优化财务共享平台的建设，成为大共享赋能平台，是人单合一的基础平台和赋能增值平台。2018年，大共享赋能平台在认知力、链接力和重构力三方面展开探索。在认知力方面，大共享赋能平台实现了从以自我为中心到以用户为中心的转变；在链接力方面，实现了由链接资源到链接技术再到链接用户的转变；在重构力方面，实现了从产品式服务到场景化赋能的转变。由此，海尔推开了物联网时代的大门，迎来了全流程新生态的变革。

①聚焦多场景构建财务共享生态系统，形成基于人单合一的非线性赋能增值平台。

海尔大共享赋能平台秉承着共创、共治、共享的理念，在2018年以用户需求为中心，以智能化技术为依托，努力打造服务无感化、产品数字化、平台场景化的新平台，推进“平台+生态”的新商业范式。

作为业务单元的有力支持者，海尔财务共享定位于“人单合一的基础平台和对赌产业物联网转型的赋能增值平台”，从“三个零”（即用户零距离、流程零签字、体验零延误）切入，推进人单合一的非线性管理体制。零距离，即聚焦打造全新的交互平台，由分段变为互联互通，由常规的财务共享的职能模式转变成场景化，打破管理上的隔阂，实现与用户的面对面，让用户真实地感受到零距离。零签字，是用并联体系取代过去的串联体系，让过去的他驱动模式转变成自驱动模式，让每个员工都可以主动承担、创造，发挥员工无限的潜能。零签字并不是不签字，而是使预算外无效的签字为零。零延误，即实现体验迭代，由事后审核转为事前规则的设立，提供无感化、智慧化服务。

围绕全球化、智慧化、平台化转型的目标，海尔的财务共享从用户的使用场景切入，划分成创客场景、小微场景以及攸关方场景，提供了N个“爆款”解决方案，建立了“1+3+N”的物联网赋能体系，有力赋能各生态产业领域。创客场景主要是面向员工的日常工作，设立报账通、智才通和V-study，提供智能、无感的服务。小微场景是面向企业日常的经营管理提供汇联通、资金通和诚信通。内部破墙，一键定制，提供全生命周期的业务支持，即从公司注册成立、运营、发展到注销等全流程都可以在共享平台上完成。攸关方场景是面向客户、供应商以及政府部门的，公司设立了智税通、票联网、政企通。其中，智税通实现了税企直连，为企业提供了全生命周期的税务解决方案。这是与税务局联合推出的物联网时代社群共创、互联互通的智税通平台，是国内第一家税务数字化共享平台。作为税企共创、共治、共享的平台，智税通有效地解决了企业税务方面的难题，也减轻了政府税务监管的负担，在国内成为行业标杆。票联网是海尔基于区块链技术首创的、并联原点自驱的链式结算体系，是海尔集团基于结算业务，内部整合税票、资产、费用、收付、往来平台资源，外部链接税务、法务等资源，有效并联供应商、小微、客户、资源方以及相关的信息化平台，最终形成的一个内外部协同的链式结算生态。票联网的“票”是广义的票，既有订单、合同等业务票据，也有对账单、发票、结算流水等财务票据。通过将各种单据互联互通，完成整个财务结算流程的闭环，票联网实现了利益攸关方的并联，打破企业组织边界，彻底颠覆了传统结算方式，通过生态圈内的共享、共创、共治，实现多方共赢。

目前，财务共享平台服务于海尔在全球31个国家和地区的1 000多家公司的发展，提供10种服务语言和20种结算货币，拥有全球4大现金池，资金24小时不落地，涉及8大行业110个产业，有力赋能了海尔集团全球性的内部创业及发展。

②打造数字化、智能化的赋能平台。

海尔的财务共享通过跨界融合，利用科技创新，搭建跨组织、跨行业、跨区域的共享平台，实现物联网时代一站式智能化的服务和管理。

随着数据科学、机器学习、深度学习、认知分析、机器人流程自动化（RPA）等智能技术在财务管理领域的不断应用，海尔集团提倡技术应用和科技赋能，促使财务、税务、资金等管理和服务更自动、更敏捷、更智能，并进行流程“端到端”的管理，从而实现规模效应、协同效应和平台创新。

首先，海尔建立了业财税深度一体化的智能财务共享平台。海尔的财务共享，是在事前、事中、事后直接参与流程分工协同，从用户端、业务管理端直接植入逻辑，实时提取经营活动信息，全程透明、数据可证、可逆；将资源云化，在云端搭建数据与智能云平台，集合了业务与财务的大数据，实现了端到端的智能核算，实现了业务流程化、流程标准化、标准清单化、清单信息化、信息智能化；基于电子发票信息，通过智能技术与财务共享平台的建设实现业财税相融合，利用该平台实时抽取业财税数据进行整合，为集团决策提供有力的数据支持。

其次，海尔建立了基于大数据与智能算法技术的全球资金管理平台。这是对财务数据与智能云平台中的数据挖掘、机器学习、智能引擎、人工智能等新技术的应用。该资金平台包括易付宝和资金通两个平台，其中资金通平台可以通过风险评估模型、敏感性分析、用户画像、KPI资金指标等，形成资金大数据，制订资金解决方案，降低金融风险，实现高效融资、全球结算、结售汇和现金池管理，从而为小微赋能增值。

海尔的财务共享服务经历了国内共享、全球共享和外包服务三个阶段，逐步发展成熟。2007年，海尔开始建设财务共享服务中心；到2008年，海尔的财务共享服务中心基本建设完成；2009—2011年，海尔的财务共享服务进入发展阶段，财务共享能力得到提升，开始以流程再造指导财务共享实施；从2012年至今，海尔的财务共享服务已进入成熟阶段，能够支撑海尔的战略转型与实施，并随着战略的发展不断升级；2019年以来，海尔的财务共享服务中心已经发展成物联网下的数字化智慧共享服务中心。

财务共享平台的建立也推动了海尔财务管理的进一步升级。从2010年到2013年，海尔逐渐建立起事前算赢的管理会计体系，聚焦企业价值创造和评价；从2014年开始，海尔开始聚焦构建互联网范式的生态价值衡量体系，建立财务共享平台，推动财务管理从战略型向生态型转变。

海尔集团财务共享中心建设进程汇总见表6-1。

表6-1　　　　**海尔的财务共享中心建设进程**

集团战略进程	财务共享中心建设阶段	时期	财务共享管理模式实施进程
全球化战略阶段	准备阶段	2006年	首次提出"财务共享服务"理念，开始实施财务组织变革
	初创期	2007—2010年	建设财务共享服务中心，探索财务共享管理模式的应用
	发展期	2011—2012年	逐步扩大财务共享服务范围，全面运行信息平台
网络化战略阶段	成熟期	2013—2015年	实行扁平化财务
		2015年	"人单合一"1.0模式升级为2.0模式（共创共赢生态圈）
		2016—2019年	随着信息技术的更新不断改造升级，支撑海尔集团更远大的战略目标
生态品牌战略阶段		2019年至今	

6.3　财务转型与财务共享服务转型路径的对比分析

两家案例企业分别从传统财务展开变革，并最终建成了智能财务平台。以下就这两家企业在智能技术驱动下的财务转型和财务共享服务转型路径做对比分析。

1）财务转型

两家企业的财务转型模型对照表见表6-2。

（1）JE公司的财务转型

JE公司的财务转型是在既定环境下技术、流程、组织结构和人员的转型。

表6-2　　JE公司和海尔集团的财务转型模型对照表

项目	JE公司	海尔集团
基本情况	央企下属全资子公司，全公司范围内实施建设财务共享，2018年开始实施资金共享，2019年底建设完成智慧财务共享平台	集体所有制企业，上市公司，全集团范围内实施财务共享，2006年开始建设，2012年成熟并推广，2019年建设完成智慧财务共享平台
环境因素	当前外部环境：数字经济、智慧社会 企业战略：泛在物联网企业 组织结构：国网—省公司—基层公司，金字塔 管理模式：多维精益管理体系	当前外部环境：数字经济、智慧社会 企业战略：从全球化到网络化，再到物联网社群生态企业 组织结构：倒三角形、网状节点平台到平台生态圈 管理模式：人单合一
组织结构	新设共享服务中心，与原财务部并行；原财务部相关共享职能转出，保留与上级公司原来的行政汇报体系；先建设资金共享平台，后建设智慧资金共享、智慧核算和智慧财务三个共享平台，使之成为中台，从而形成前台、中台、后台结构	财务共享原来包含会计平台与资金平台，后增加税务平台，目前成为财务生态圈，涵盖财务、人力、信息技术、大数据、法律、内控内审、资金、金融和税务等多个专业领域，对内并联集团内资源，对外链接政府、银行、学界等外部生态资源，构建开放共享的平台体系；财务共享成为中台，数据平台原属于财务共享，后独立形成数据服务中心（后台）
人员	人事权在上级公司；不集中原财务部人员，营业点的出纳转型为具有财务背景的业务人员，直接服务于所在营业点；共享中心人员较少	在集团管理变革中实行大调整，在财务共享过程中财务人员转型为战略财务、业务财务、专业财务和共享财务四类
技术	ERP 税企直连、银企直连、整合供应商与客户信息；集成人资系统、经济法律系统、财务管控系统、营销系统等内外部信息传统，预算系统待建；云计算、大数据、人工智能等技术	SAP/ECC，后续在原有财务系统及ERP 系统的基础上，建立了全球价值信息化系统（GVS），涵盖财务核算、资金管理、全面预算、电子核销等多个系统；应用云计算、大数据、人工智能等技术
流程	标准化、自动化、智能化 流程梳理、再造	标准化、自动化、智能化 流程梳理、再造

就环境因素而言，从2018年开始，我国宏观政策开始鼓励发展数字经济，政府监管部门、税务、银行纷纷落实“放管服”政策要求，共享数据，为企业数字化转型、实现万物互联创造有利条件。集团母公司已经开始对建设泛在电力物联网作出全面安排部署，目的就是要广泛连接内外部、上下游资源和需求，打造能源互联网生态圈，适应社会形态、打造行业生态、培育新兴业态。数字化转型的外部环境与内在需求结合，促成了智慧财务共享系统的产生，这是泛在电力物联网建设在财务领域的新实践。具体到财务转型模型的四个要素，分析如下：

就技术而言，转型与财务信息化并进，资金管理以套装软件“SAPERP+财务管控（远光财务系统）”为核心，全面建成一体化财务信息工作平台，支持会计集中核算、预算集约调度、资金集中管理、资本集中运作和风险在线监控，财务管理集团化、集约化、标准化和精益化得到全面提升。此后，随着大数据智能分析等新技术工具的应用，财务能力不断提高，最终实现智能财务。在税务管理上，JE公司与中兴新云·财务云团队合作，借助“互联网+税务”“物联网+人工智能”等技术，包括深度学习、智能图像识别，建立了一个打破税企管理边界、职能充分耦合、数据充分互通的集团税务智慧共享平台，为财税信息贯通以及日后的集团智慧核算奠定基础。JE公司按照国资监管信息化建设要求，上线云平台、数据中台和物联管理平台，加强内控信息化建设力度，全面整合业财信息系统，科学设计系统集成关系，打破系统间壁垒，集成贯通22个内外部系统，实现业财数据智能获取、同源管理。

就流程而言，建设过程同时也是流程再造的过程。JE公司优化改造38项资金收支业务流程、58项涉税业务流程、226项常规核算业务流程，实现“业-财-税”全流程重构，并且融合了内部控制的因素，借助新兴信息技术，使得流程从标准化、自动化向智能化发展，实现自动对账、自动报账、自动归集。

就组织结构而言，JE公司以“总部为决策调控中心、网省公司为管理责任主体、市（县）公司为基层执行单元”，优化了三级财务管理的职责权限。目前，国内外大多数财务共享中心所采用的运营模式是建设物理集中的财务共享中心，即将原有企业集团内分布在不同地点、不同财务组织中的财务人员集中到一个或多个特定地点，建立物理的共享中心，这样一来，组织结构和人员安排必然会进行重大变革。然而，作为央企下属的省公司，考虑到企业性质与规模等因素，JE公司的财务共享中心建设没有做物理集中，只是将资金、核算、税务三大模块从原财务部的职能中剥离出来，从技术与流程转型入手，建设三个智慧共享平台，与财务部并行，其余的运营管理的功能继续保留在财务部，在财务管理上实行的是总公司领导下的三级财务管理体系，财务部的组织架构与人员安排也并没有发生重大变动。

就人员而言，资金的集约使得JE公司对人力资源的需求大大降低，部分出纳人员转型为资金管理员。相应地，财务各岗位的职责可以根据具体情况在系统中灵活设置，除不相容岗位以外，其他岗位可在系统中自由合并或分拆。不过，由于智能化的发展，即便是对资金管理岗位的需求也有所下降。于是，各营业网点的财务人员转型为业务人员，并且因为既懂业务又懂财务从而更好地服务了客户。另外，公司还设置了数据管理和价值管理岗位，财务人员从资金的看门人变成管理的参与者。

（2）海尔的财务转型

海尔财务共享模式与“人单合一”模式相适应，紧随战略转型进行财务组织体系变革，结合企业自身特点，区别于传统财务共享，形成了独具特色的海尔模式。

就环境因素而言，企业外部环境转变、全球化战略形成以及人单合一管理模式的建立，驱动整个集团的组织变革，特别是促使集团的组织结构完成了颠覆性变革，因此财务转型也成为必然。

财务共享是企业财务转型的起点，而财务共享的转型基于组织结构、人员、流程及技术的变革，四者缺一不可。

就组织结构而言，海尔的财务共享也先后经历了集约共享平台、互联、智能等阶段。到形成财务生态圈时，海尔的财务共享已实现跨组织、跨行业、跨区域的融合，在整个赋能场景搭建的过程中打破了原来的组织，打造了无边界、不固定的、敏捷易调整的链群组织，推动不同的业务场景、触点智能化的实现。

就人员而言，组织结构的调整带来财务职能和岗位的转变，对人员实行物理集中，财务人员被信息技术替代，难免造成人员流失。实际上，海尔在推行人单合一管理模式变革时，各个部门都出现了人员流失。但是，得益于自上而下的人单合一管理变革以及由此带来的企业创新文化以及"三权（决策权、用人权、薪酬权）"的激励机制，财务人员转型成功了。海尔的财务转型经历了自我革命、驱动变革和卓越引领三个阶段。财务人员的职能从会计核算者转为价值驱动者。接着，财务共享平台借助智能技术不断变化，财务的变革开始领先于组织平台和管理的变革，诸如共享增值表、智税通、生态平台等都在物联网品牌战略提出之前就开始实践了，财务人员在变革中已经走在业务部门的前面，利用高度多元化的专业知识，为业务部门提供决策支持，融入全流程经营体中，和前端一起成为企业的价值共创者。

就流程而言，海尔在财务共享的建设过程中梳理了诸多的会计流程和资金结算流程。组织结构的调整带来业务流程的变革，而技术的进步又促进了流程的再造。财务共享对于原来分散的会计处理来说，实现了流程的标准化，进而实现了自动化；而数字技术的应用（如资金通、智税通等）则颠覆了原来的串联式流程，将传统的串联式核算和管理升级迭代为并联的生态圈全流程价值链核算，实现了全生命周期的支持。

就技术而言，海尔的财务共享经历了财务系统信息化、业财一体化、数字化与智能化（物联网）等阶段。海尔在2005年建立了全球统一的信息系统，即SAP/ECC，将全球各公司的财务信息与业务信息集成在一个共享的信息平台上。之后，海尔开启财务共享服务中心建设，其应用的信息系统更加完备、智能化。在原有财务系统及ERP系统的基础上，海尔建立了全球价值信息化系统（GVS），涵盖财务核算、资金管理、全面预算、电子核销等多个系统，与业务系统相连接，形成集团统一的信息平台。财务共享服务进入成熟平台阶段，各个系统之间实现了互联，而大数据、人工智能技术的应用则将其推进到智能财务服务中心阶段，实现了共创、共治、共享。正如前面章节的理论分析，智能化的信息技术推动财务共享服务建设、优化，尤其是近些年大数据、人工智能技术的发展对于海尔财务共享服务的智能化推进起着举足轻重的作用。

2）财务共享服务转型路径

（1）渐变式与颠覆式殊途同归

财务共享的建设通常是从会计交易处理的集中共享开始的。JE公司财务共享中心的建设经历了从账务共享到业财一体再到智能共享的线性发展。其首先开展的不是会计核算共享，而是经营中交易量最大的资金集约管控，这种比较成熟的集团资金集中管理模式能够利用集中形成规模经济。JE公司实现了资金的物理集中与手工业务流程的电子化，但并不对财务部门进行物理集中，也不对原有的财务组织结构进行重大变革。其提供核算服务的方式，实质上并非完全采取共享模式，只是应用了智能核算的平台。此外，这种集中或共享先于资金管理展开，而不是像许多企业的财务共享实践那样从核算共享展开。这与其作为央企下属省公司，人事管理与组织结构调整权限在总部有关。想要突破单一资金集中共享的困境并继续采用财务共享模式，就要对财务共享进行进一步的优化升级，提高财务共享的价值创造能力。

JE公司通过将技术应用于流程来推动流程自动化，避开了组织结构和人员调整，将传统财务工作保留在财务部门，由新成立的共享中心来实现资金共享，通过资金集中使权力分配发生改变，并将原来经营所含的财务功能转为业务财务，更多地从事业务工作，加强前台能力，提升顾客价值体验，并建立价值管理岗位，逐渐推进财务转型。与此同时，借助技术建设共享和智能中心，以技术手段实现业财税一体化，为顾客提供智能服务，创造价值。此时的变革在一定程度上影响到了组织结构与人员，但是并不对此两项做重大调整。

JE公司积极利用大数据、云平台、人工智能等新兴信息技术，结合自身实际情况，在资金集中的基础上建设资金智慧共享。对于大量的收款、审核、对账业务，通过统一流程设计，由系统自动完成，实现了流程的标准化与自动化，同时，业财融合、产融结合使得数据集中共享，并借助信息技术进行现金收付的预算，此时的共享具有专家共享性质。当平台与外部企业系统对接时，实际上已经形成了共享平台生态圈。此时的智慧财务共享体系也开始形成了以共享服务为中台、以大数据中心为后台，支持前台智慧应用的整体架构。

从传统财务到智能财务，JE公司的财务共享中心建设走的是以技术、流程转型入手的渐进式发展路径（如图6-3所示）。基于企业性质和财务管理组织模式，在财务转型的过程中，组织结构和人员并非一次性转型，而是形成了虚拟式共享组织，陆续实现了资金、核算、税务三大智慧平台的建设。反过来，由于信息系统整合一体化，智能化得以实现，从而使自动化流程成为可能，也就为组织结构变革和人员转型打下了基础。这一财务转型路径对于想要建设财务共享中心、实现财务转型的其他类似的大型国有企业来说具有很高的借鉴价值。

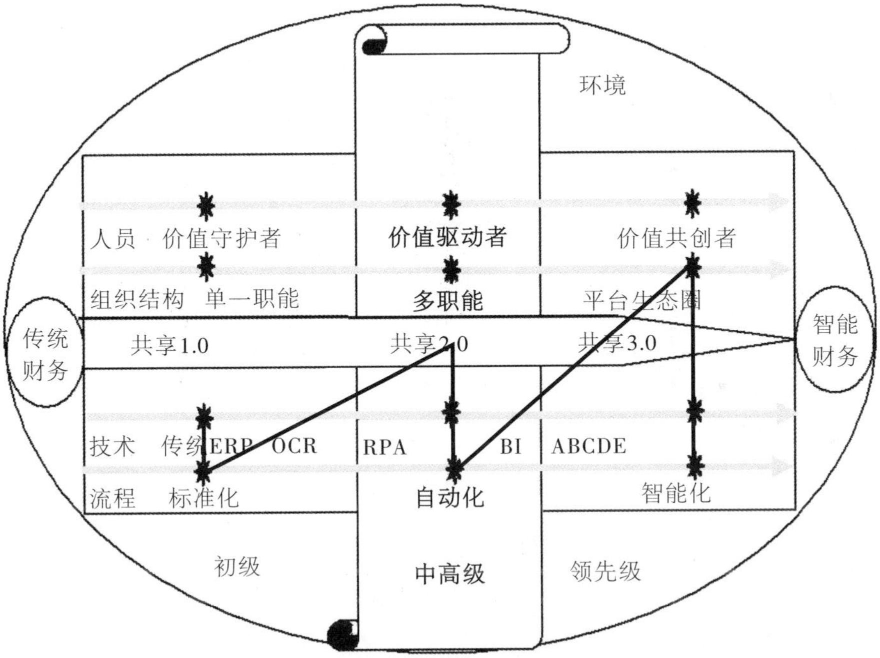

图6-3　JE公司财务共享转型路径

海尔的财务共享历经十多年的发展，从建立统一的流程、标准、系统、会计科目，到迈向全球化运营，再到智慧化、数字化的不断迭代，不断颠覆自我，创新突破。海尔财务转型从财务核算共享开始，伴随管理变革而发展。海尔的管理变革经历了从产品到平台再到生态系统的转变过程，而海尔的财务共享路径也完整地经历了从共享、互联到智能三个阶段，并且从其变革驱动要素来看，外部环境特别是管理变革驱动着财务变革，而财务变革最终又引领了管理变革，二者相互影响。变革从组织结构与人员这两个软要素开始，在财务共享的每一个发展阶段都经历了组织结构、人员、技术和流程的转型（如图6-4所示），最终形成的模式即物联网下的财务生态圈。纵观其变革路径可以发现，这种变革源自集团自主展开的自上而下的管理变革大环境，对于企业来说不只是流程再造，更是一种颠覆式变革。

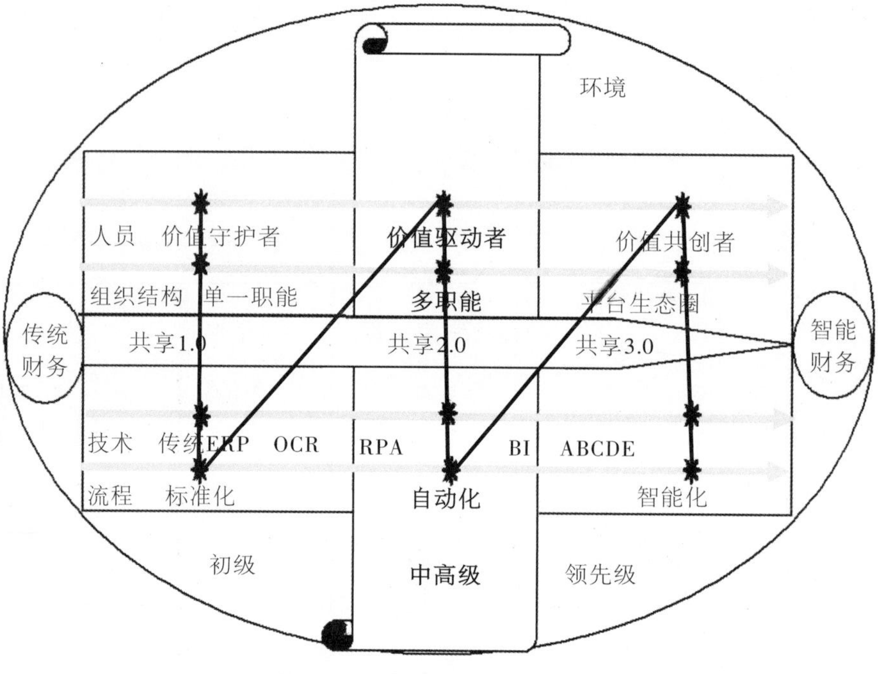

图6-4　海尔财务共享转型路径

不论是渐进式变革还是颠覆式变革，从传统财务转向智能财务，都是财务转型的发展方向，而财务共享的建设则成为财务转型的起点，并将引领企业财务转型，促进企业数字化发展。

（2）智能技术驱动下的财务共享转型加速

JE公司作为集团公司下属子公司，其财务共享建设起步于2018年，从启动到建成包含三个智慧共享平台，历时2年；海尔是对整个集团开展财务共享建设，先行试点后逐步推广到整个集团，起步于2006年，到2012年形成财务共享平台，历时约6年，而智能财务共享平台的重构则集中于2018—2019年展开，大约历时2年。两家案例企业都是在2019年完成了智慧财务大共享平台的建设。但是，JE公司起步晚，呈现飞跃式发展，主要原因在于技术进步。从2018年到2019年，我国数字经济急速发展，智慧社会开始建设，多主体数字化建设推进，云技术普遍应用。云平台以物理分布、逻辑集中的布局架构，提供了异构虚拟平台统一管理能力，为企业内外部多个平台数据链接和整合提供了技术条件。大数据技术有效汇总了海量财务、业务等信息，并通过云平台实现可视化共享，促进了与地方其他部门合作较多的JE公司在企业内外部实现数据共享，而这些海量数据的集成正是共享中心进行数据建模、准确分析从而为企业进行智能业务调整、做出科学决策的依据和基底。此外，云平台也为虚拟共享提供了可能性，使得对原有财务组织人员进行物理集中的问题得以解决，推动了会计智能核算平台的形成。JE公司的财务转型从资金集约化升级为资金智慧共享平台。智慧核算和税务共享的建立都是在资金平台的基础上形成的。发票池与税务系统信息共享，在资金支付中的自动报账环节形成凭据影像并自动生成凭证，为核算共享创造了条件，可以说，信息技术进步使得核算和税务的共享平台绕过了集中共享的阶段，跨越进入智慧阶段。技术进步加速了财务共享向智慧共享的转型。

（3）以智能财务共享平台为核心的生态圈

智能财务共享平台基于智联网、人工智能、大数据等新兴技术，在数据生成路径、处理能力以及场景化呈现上与传统财务共享存在较大区别，能在加深其他共享中心融合交汇的同时逐步延伸至更多的高价值流程，对于支持企业的数字化商业模式具有重要意义。就其实际组成来看，JE公司和海尔的智能财务共享平台仍存在一定的差异。

首先，就平台职能而言，海尔的财务大共享平台涵盖了财务、人力资源、信息技术、大数据、法律、内控内审、资金、金融和税务等多个专业领域，对内并联集团内资源，对外链接政府、银行、学界等外部生态资源，是一个开放共享、共生共赢的财务生态圈。JE公司的财务共享平台目前包含的是资金、核算和税务三大智慧平台，其职能聚焦于财务范畴，其他职能尚未被融入平台；其与外部资源的链接包含商旅、税务、银行等。

其次，就整个集团的财务管理而言，两家公司的组织结构存在差异。海尔集团的组织结构已呈平台生态圈模式，其财务大共享平台也采取了类似的组织结构，通过扁平化、虚拟化、“云端+当地”来支持企业的运营。海尔的财务大共享平台成为组织中台，为组织前台提供支持。组织前台是财务平台的顾客，可以选择为其服务的财务人员，财务平台上的财务人员需要竞单，只有“三预（预算、预案、预酬）”方案好的，才会被自主经营体选中。JE公司的财务管理采取的是三级管理模式，“公司总部为决策调控中心、网省公司为管理责任主体、市（县）公司为基层执行单元”，属于金字塔式组织结构。其财务共享平台与原财务部并行，财务部仍按原来的科层管理模式向集团汇报，财务人员并未实现真正意义上的“共享”。就财务管理形式而言，海尔为平台生态圈模式，而JE公司为平台模式。

最后，在财务人员调配方面，JE公司的财务共享中心人员少，不从原财务部调用。智慧财务共享中心的建立，在一定程度上会改变原来财务部门人员的职能，对于从事重复性业务的人员的需求减少，而对于能利用财务共享平台的数据资源加以分析并提供决策支持的人员的需求增加。在财务共享1.0阶段，JE公司可以通过标准化流程驱动人的工作，但是，进入智慧财务共享阶段以来，驱动资源配置的是数据、知识。即便财务组织不做调整，财务职能的转型也是紧迫的。管理模式的变革，不仅仅依靠技术，也涉及人员变革。这将是未来JE公司财务共享进一步转型需要面对的问题。

财务共享发展到智能财务共享平台，已促使组织结构形成了平台生态圈模式，其未来发展趋势必然是为组织赋能，人员能力的提高与组织的进一步转型是推进财务转型的题中应有之义。

第 7 章

结论与展望

本书在对共享服务的产生与发展进程及财务共享服务的相关文献进行梳理的基础上，重点探讨了在数字经济时代，企业数字化转型背景下财务共享模式的创新应用问题。基于相关理论，我们设计了财务共享转型路径模型。之后，通过问卷调研，我们验证了技术发展对财务共享服务发展的影响，并重点选取了JE公司和海尔的财务共享中心建设与发展案例展开分析。研究表明：

1）从传统财务转向智能财务是当前企业财务转型的发展方向

在数字经济环境下，企业财务转型已是必然。财务转型通常包括四个方面：组织结构、流程、技术和人员。在财务共享中心的建设过程中实施流程再造，引入信息技术，促进财务人员职能转变，可以奠定财务转型的管理基础、组织基础和数据基础，因此，财务共享往往是财务转型的起点。不过，不同企业根据自身的实际情况，可能会从不同的方面入手进行财务转型。财务转型的最终目标是实现智慧财务共享，智慧财务的实现也能为企业数字化转型提供有力支持。

2）智能技术的发展促进了财务共享服务的加速发展

不同企业的信息技术水平不同，所选择的财务共享的发展路径也会呈现差异。财务共享的建设，因为有了智能技术的辅佐，不一定遵循从会计核算共享到业财融合再到智能财务的传统发展路径。信息技术的发展使得企业跨越式进入智能财务共享成为可能。

3）未来财务将是基于智能财务大共享平台的财务生态圈

智能财务大共享平台融合多种组织职能，实质是对原属后台的财务功能的重组，并向前台推进，形成组织中台，支持前台并联结企业内外部多种资源，以数据和知识驱动资源配置并赋能企业发展。财务转型将深入发展，突破单一的财务职能边界，融合其他管理职能。随着核算的自动化、智能化的实现，财务将从传统核算工作中解放出来，释放出管理支持、数据支持等新能力，对这些能力的运用同样可以采取共享模式，此时财务共享形成新的生态圈模式。

附　录

智能技术驱动下的财务共享模式创新与应用实践研究调查问卷

编号：【　】

尊敬的先生/女士：

您好，厦门大学管理会计研究中心智能技术驱动下的财务共享模式创新与应用实践课题研究正在进行，为配合此课题研究的开展，需要您填写本份调查问卷。感谢您对于本课题研究的配合与支持。

对本问卷题目的回答没有正确与错误之分。本问卷不会涉及贵公司的商业机密以及您的隐私信息，并且所收集的信息仅用于学术研究，所有的信息将会严格保密。

一、选择题

说明：以下均为选择题，请根据贵公司的情况，并结合自身的认知做出选择。

1. 所属行业

A. 农、林、牧、渔业

B. 采矿业

C. 制造业

D. 电力、热力、燃气及水生产和供应业

E. 建筑业

F.批发和零售业

G.交通运输、仓储和邮政业

H.住宿和餐饮业

I.信息传输、软件和信息技术服务业

J.金融业

K.房地产业

L.租赁和商务服务业

M.科学研究和技术服务业

N.水利、环境和公共设施管理业

O.居民服务、修理和其他服务业

P.教育

Q.卫生和社会工作

R.文化、体育和娱乐业

S.综合

2. 企业类型

A.国有独资或国有控股企业

B.民营企业

C.外资企业

D.合资企业

E.集体所有制企业

F.其他__________

3. 营业收入规模

A. 5 000万元以下

B. 5 000万~1亿元

C. 1亿~10亿元

D.10亿~100亿元

E. 100亿~500亿元

F. 500亿~1 000亿元

F.1 000亿~5 000亿元

G.5 000亿元以上

4. 员工规模（人数）

A.100 人以下

B.100~500 人

C. 500~1 000 人

D. 1 000~5 000 人

E. 5 000~10 000 人

F.10 000 人以上

5. 企业建设财务共享中心所处的阶段

A.尚未制订计划

B.已制订计划，尚未实施

C.已开始实施建设计划

D.已建设完成

6. 公司建设财务共享中心的动机（多选）

A.减少成本

B.控制风险

C.减少程序的无效性

D.提高产品或服务的质量

E.市场规模的扩大

F.企业合并

G.进入新市场

H.提高客户黏性

7. 企业财务共享中心服务范围

A.全球服务中心

B.全国服务中心

C.国内分区区域性服务中心

D.国内地区性服务中心

8. 企业的财务共享中心战略分布情况

A.下级单位单独建立

B.集团层面统一建立

C.按区域建立

D.按业务板块建立

9. 企业在对财务共享中心选址时主要考虑的因素

A.企业总部的位置

B.运营成本

C.人力成本

D.房租成本

E.语言差异

F.文化差异

G.时区差异

10. 企业财务部门目前使用的系统（多选）

A.会计核算系统

B.费用控制系统

C.资金管理系统

D.影像系统

E.合并报表系统

F.财务报表及决策支持系统

G.预算编制系统

11. 企业财务共享中心进行的业务流程（多选）

A.账务处理

B.费用审核

C.收付款处理

D.银行对账

E.固定资产卡片管理

F.发票认证

G.收款核销

H.发票查验

I.账期处理及报告

J.固定资产账龄处理

K.合并报表

L.自动化报告

M.供应商对账

N.关联交易处理

O.发票开具

P.客户对账

Q.涉税数据核对与校验

R.纳税申报

S.客户信用管理

T.以上均无

12. 企业由于建设财务共享中心导致财务部门从业人员减少或转岗的人数占原财务部门总人数的比例

A.小于10%

B.10%~20%

C.20%~30%

D.30%~40%

E.40%~50%

F.大于50%

13. 您熟悉的技术（多选）

A.电子发票

B.数据可视化

C.大数据

D.机器人流程自动化

E.高级分析

F.云计算

G.区块链

H.行为分析技术

I.社交应用

J.认知计算

K.内存内计算

L.其他__________

14. 企业已使用的技术（多选）

A.电子发票

B.数据可视化

C.大数据

D.机器人流程自动化

E.高级分析

F.云计算

G.社交应用

H.行为分析技术

I.区块链

J.认知计算

K.内存内计算

L.其他___________

15. 公司未来打算投资建设的技术（多选）

A.机器人流程自动化

B.大数据

C.高级分析

D.行为分析技术

E.区块链

F.云计算

G.数据可视化

H.电子发票

I.认知计算

J.社交应用

K.内存内计算

L.其他___________

16. 公司对财务管理转型的期望（多选）

A.参与企业决策

B.支持企业管理模式变革

C.开展精细化管理

D.创造财富、控制风险

E.其他__________

17.财务共享模式在企业的实施程度

（本题适合已建设财务共享中心的企业填写）

（1）战略

A.没有与财务共享中心具体相关的战略

B.有着初步的与财务共享中心具体相关的战略

C.有着较为完善的与财务共享中心具体相关的战略

D.有着完善的与财务共享中心具体相关的战略，并且定期对战略的实施做出评价，并采取合理的对策

（2）组织、治理、合规性

A.将财务共享中心作为成本中心，并且不分配成本至其他部门；没有服务等级协议；没有流程拥有者；人工控制流程

B.将财务共享中心作为成本中心，并且以固定的方式将成本分配至其他部门；有着初步的服务等级协议；同一流程有着多个流程拥有者；有着初步的自动化控制流程

C.将财务共享中心作为成本中心，并且依据提供服务的多少将成本分配至其他部门；有着较为完善的服务等级协议；同一流程有着单个点对点的流程拥有者；有着较为完善的自动化控制流程

D.将财务共享中心作为利润中心，并且以市场价格作为内部转移价格；有着完善的服务等级协议，并且定期进行调整；同一流程有着单个点对点的流程拥有者；有着完善的自动化控制流程

（3）持续改进

A.没有对财务共享中心的成本、质量和时间进行改进；持续改进流程（CIP）、六西格玛（6σ）和全面质量管理（TQM）都没有施行

B.对财务共享中心的成本、质量和时间有着稍微的改进；对于持续改进流程（CIP）、六西格玛（6σ）和全面质量管理（TQM）有着初步的施行

C.对财务共享中心的成本、质量和时间有着一定的改进；对于持续改进流程（CIP）、六西格玛（6σ）和全面质量管理（TQM）有着一

定的施行

D.对财务共享中心的成本、质量和时间有着较大的改进；对于持续改进流程（CIP）、六西格玛（6σ）和全面质量管理（TQM）有着全面而持续的施行

（4）业务流程

A.财务共享中心业务流程没有标准化、统一化和自动化；简单的批量处理；没有专家中心（COE）

B.财务共享中心业务流程有着初步的标准化、统一化和自动化；简单的批量处理；有着初步的专家中心（COE）

C.财务共享中心业务流程有着最优化和自动化的特点；简单的批量处理；有着较为成熟的专家中心（COE）

D.整个组织的业务流程都是最优化和自动化的；大量复杂的批量处理；有着成熟的专家中心（COE）

（5）客户关系

A.财务共享中心只为企业内部服务；没有标准化的结构和管理方式；没有施行顾客支持工具

B.财务共享中心主要为企业内部服务；财务共享中心有着标准化的常规流程和事项；持续地施行简单的顾客支持工具

C.财务共享中心同时服务于企业内部和企业外部客户；关注财务共享中心的效率和效果；持续地施行顾客支持工具

D.财务共享中心主要为企业外部客户服务；关注为整个公司创造价值；持续地施行顾客支持工具，并且会对顾客支持工具进行定期的升级

（6）业绩管理

A.财务共享中心没有经常使用业绩评价工具（如平衡计分卡、基准分析）；没有内部控制系统；没有业绩目标

B.财务共享中心正在尝试使用业绩评价工具（如平衡计分卡、基准分析）；有着初步的内部控制系统；有着初步的业绩目标

C.财务共享中心正在使用业绩评价工具（如平衡计分卡、基准分析）；有着内部控制系统；有着业绩目标

D. 财务共享中心正在全面使用业绩评价工具（如平衡计分卡、基准分析）；有着全面的内部控制系统；有着全面的业绩目标，并且会不断调整

（7）人力资源管理

A. 财务共享中心没有专业人员管理体制；员工培养计划和业绩评价没有关联；没有培训系统

B. 财务共享中心有着初步的专业人员管理体制；员工培养计划和业绩评价有着非标准化的关联；有着初步的培训系统

C. 财务共享中心有着专业人员管理体制；员工培养计划和业绩评价有着密切的关联；有着全面且先进的培训系统

D. 财务共享中心有着全面的专业人员管理体制；员工培养计划和业绩评价有着密切的关联，并且会进行持续的检查；有着全面且先进的培训系统，并且有着持续的改进

（8）系统技术

A. 财务共享中心有着多个系统，且没有标准化的ERP系统；没有工作流程系统；没有信息技术管理

B. 财务共享中心有着部分标准化的ERP系统；有着初步的工作流程系统；有着初步的信息技术管理

C. 财务共享中心有着标准化的ERP系统；有着全面的工作流程系统；有着平均水平的信息技术管理

D. 财务共享中心有着优化的、系统化的ERP系统；有着全面的、整个企业层面的工作流程系统；有着高水平的信息技术管理

二、量表题

说明：各题选项中数字的含义如下：

1=完全不符合，2=不符合，3=不确定，4=符合，5=完全符合

1. 公司技术状况

（1）公司在建设财务共享中心前已有成熟的ERP系统。

（2）公司有着可靠且多功能的信息技术应用平台。

（3）公司会持续地对相关IT设备进行维护。

（4）公司的IT系统适合实施共享财务。

（5）公司在建设财务共享中心时已有成熟的数据库技术。

（6）公司在建设财务共享中心时已采取流程自动化和标准化的技术。

（7）公司在建设财务共享中心时已开始运用SMAC（社交网络、移动数据、数据分析、云计算）技术为经营单位提供决策支持。

（8）公司在建设财务共享中心时已利用智能分析（商业智能、大数据分析等），形成专家系统。

2. 公司组织状况

（1）公司的组织结构设计有利于财务共享中心的建设与运行。

（2）高层管理者认为有必要实施财务共享服务以优化财务管理流程。

（3）公司对员工有着定期培训。

（4）公司有着精细而透明的业绩评价。

3. 公司环境状况

（1）建设财务共享中心可以使公司获得竞争优势。

（2）公司的竞争对手实施了共享财务。

（3）政府部门或行业协会要求建设财务共享中心。

（4）政府部门鼓励公司建设财务共享中心。

参考文献

［1］ARMENAKIS A A，BEDEIAN A G．组织变革：20世纪90年代的理论与研究综述［J］．陈福军，吴晓巍，译．管理世界，2010（10）：158-166.

［2］ACCA.Finance transformation：expert insights on shared services and outsourcing［R］．UK：ACCA，2012.

［3］Accenture.Digitally transforming finance for the intelligent enterprise［EB/OL］．［2019-11-02］．https：//www.accenture.com/_acnmedia/Accenture/Redesign-Assets/DotCom/Documents/Global/1/Accenture-Value-Architects-Digitally-Transforming-Finance-Intelligent-Enterprise.pdf#zoom=50.2019.

［4］BERGERON B.Essentials of shared services［M］．New York：John Wiley & Sons Inc.，2002.

［5］BETH H.20 Years of shared services trends：key milestones and future predictions［EB/OL］．［2020-01-06］．https：//www.ssonetwork.com/global-business-services/whitepapers/20-years-of-shared-services-trends-key-milestones-future-predictions.

［6］BUCHANAN J. Share services in an age of finance transformation［EB/OL］．［2020-01-22］．https：//www.blackline.com/blog/finance-automation/shared-services-finance-transformation.

［7］CFO Research，SAP.Thriving in the digital economy：the innovative finance function［R］．USA：CFO Publishing，2015.

［8］CHRISTAUSKAS C，MISEVICIENCE R.Cloud computing based accounting for small to medium business［J］．Inzinerine Ekonomika-Engineering Economics，2012，23（1）：14-21.

［9］Cognizant.The shared services imperative：evolve from cost-killer to value-driver［R］．New Jersey：Cognizant，2014.

[10] CONNELL R.Learning to share [J]. Journal of business, 2010, 17 (2): 55-58.

[11] Deloitte.Crunch time: finance in a digital world [R]. Deloitte, 2016.

[12] ERIK D, MARTIJN G, VIN K.Global business services in the digital era [R]. The Hackett Group, 2018.

[13] EY.The DNA of the CEO [R]. London: Earnest Young, 2016.

[14] G20官网. 二十国集团数字经济发展与合作倡议 [EB/OL]. [2016-09-20]. http: //www.g20chn.org/hywj/dncgwj/201609/t20160920_3474.html.

[15] Gartner.Insights from the 2017 CIO agenda report: seize the digital ecosystem opportunity [EB/OL]. [2017-05-07]. https: //www.gartner.com/imagesrv/cio/pdf/Gartner_CIO_Agenda_2017.pdf.

[16] GOOLD M, PETTIFER D, YOUNG D.Redesigning the corporate centre [J]. European Management Journal, 2001, 19 (1): 83-91.

[17] GUNN R W, CARBERRY D P, FIRGO R, et al.Shared services: major companies are reengineering their accounting functions [J]. Management accounting, 1993, 75 (5): 223-231.

[18] HARRITZ D.Forming and transforming shared services: the performativity of management devices [J]. Journal of Accounting and Organizational Change, 2018, 14 (2): 216-233.

[19] HIRSCHFIELD R.Shared services save big money [J]. Data, 2010, 42 (15): 76-78.

[20] IBM.Today's shared services operating models: the engine behind enterprise transformation [R]. New York: IBM, 2011.

[21] IDC.Worldwide digital transformation spending guide [EB/OL]. [2018-07-31]. https: //www.idc.com/getdoc.jsp? containerId=IDC_P32575.

[22] IMA.Implementing share service centers [R]. New Jersey: Institute of Management Accountants, 2000.

[23] IMA.Redesigning the finance function [R]. New Jersey: Institute of Management Accountants, 1997.

[24] KAGELMANN R, MURDOCK B.Core process redesign [J]. The McKinsey Quarterly, 2000 (2): 27-43.

[25] KPMG.KPMG global insights pulse - the latest trends and technologies driving GBS maturity [EB/OL]. [2016-05-19]. https: //home.kpmg/content/dam/kpmg/pdf/2016/06/kpmg-global-insights-pulse-driving-gbs-maturity.pdf.

[26] LEAVITT H J.Applied organizational change in industry: structural, technological and humanistic approaches [R]. Handbook of Organization, 1965: 1144-1170.

[27] MERGY L, RECORDS P.Unlocking shareholder value from shared services [J]. Strategy and Leadership, 2001, 29 (3): 19-22.

[28] MICHAEL K. Research on information of financial management based on e-commerce [J]. Advanced Material Research, 2011 (26): 104-109.

[29] MICHAEL S, ARNE W.Share services: multiplying success [EB/OL]. [2016-07-02]. https: //www.pwc.at/de/publikationen/financial-services/shared-services-multiplying-success.pdf.

[30] NICGLOOCE D.Business process reengineering based on workflow technology [J]. Engineering Materials, 2008, 1244 (474): 150-157.

[31] NILLY E, RICHARD R, MICHAEL L.Four critical drivers for successful finance transformation [EB/OL]. [2018-11-06]. https: //thehackettgroup.imagerelay.com/share/3ce2c2780dee4895a25bede0624f706f.

[32] QUINN B, COOKE R, KRIS A.Shared services: mining for corporate gold [M]. London: Prentice Hall, 2000.

[33] Rothwell A T, Herbert I P, Seal W.Shared service centers and professional employability [J]. Journal of Vocational Behavior, 2011, 79 (1): 241-252.

[34] SCHULMAN D S, DUNLEAVY J R, HARMER M J, et al.Shared

services: adding value to the business units [M]. New York: Wiley, 1999.

[35] ScottMadden.The next wave for financial shared services – financial planning and analysis service support [EB/OL]. [2017-09-15]. https: //www. scottmadden. com/wp - content/uploads/2017/09/ScottMadden_The - Next - Wave-for-Financial-SS_FPA-Service-Support_2017_0915.pdf.

[36] ScottMadden.The next wave in Finance & accounting shared services – establishing centers of expertise [EB/OL]. [2012-08-31]. https: //www. scottmadden.com/wp-content/uploads/2012/08/ScottMadden_Next-Wave-in-Finance-Accounting-Shared-Services–_–2012_August.pdf.

[37] SSON.Navigating European GBS & shared services in 2022: advancing maturity, rethinking service delivery models & digital transformation [EB/OL]. [2022-01-01]. https: //workbook.sson-analytics.com/ssowEuropeXQRGRSOB#/digital_transformation.

[38] The Hackett Group. Annual global business services performance study [R]. The Hackett Group, 2017.

[39] The Hackett Group. Global business services transformation: are you taking the right steps to drive enterprise performance optimization and value? [EB/OL]. [2019-11-02]. https: //www.thehackettgroup.com/global-business-services/gbs-transformation/.

[40] THOMAS D, JOHAN H. Shared services: how digital can accelerate the leap to value-added differentiation [R]. New Jersey: Cognizant, 2016.

[41] TORNATZKY L G, FLEISCHER M. The processes of technological innovation [M]. Lexington: Lexington Books, 1990.

[42] ULRICH K T, EPPINGER S. Product design and development [M]. New York: McGraw-Hill, 1995.

[43] ZILLNER M, ENDERS W, SEITZ S, et al. Financial shared service center on the rise toward valuable business partners–2nd generation FSSCs [R]. PWC, 2012.

[44] 埃森哲. 数字化转型 CFO 新使命 [EB/OL]. [2018-08-05].

https：//www.waitang.com/report/16987.html.

［45］北极星输配电网．里程碑！国网吉林电力云平台和数据中台上线发布 率先推进泛在电力物联网建设迈向新阶段［EB/OL］．［2019-12-30］．https：//news.bjx.com.cn/html/20191230/1032679.shtml.

［46］曹仰锋．第四次管理革命［M］．北京：中信出版社，2019.

［47］陈虎，郭奕．财务数字基建 赋能企业转型［J］．财会月刊，2020（13）：15-21.

［48］陈虎，孙彦丛，郭奕．财务机器人——RPA的财务应用［J］．财务与会计，2019（16）：57-62.

［49］陈虎．未来之路——财务共享服务［J］．财务与会计，2008（7）：54-55.

［50］陈劲，杨文池，于飞．数字化转型中的生态协同创新战略——基于华为企业业务集团（EBG）中国区的战略研讨［J］．清华管理评论，2019（6）：22-26.

［51］崔永成．建筑企业财务共享模式下的流程再造分析［J］．会计之友，2019（21）：93-95.

［52］段永毅．智能化时代集团财务共享中心发展探讨（上）［J］．国际工程与劳务，2019（10）：73-75.

［53］高菁．浅析跨国集团企业财务共享中心的未来前景与发展危机［J］．中国商论，2018（18）：63-64.

［54］国家电网报．“平台+应用+服务”，人工智能在国家电网大有可为［EB/OL］．［2020-05-01］．https://mp.weixin.qq.com/s?subscene=23&__biz=MzAxNDA1NjM2NA==&mid=2651019647&idx=2&sn=adeef6cf056dd48e9026aab4e12a4568&chksm=806ed7bcb7195eaa507aa727f40a913db9891b735a66fd897ccde50b8919d9cf8066259a5f65&scene=7#rd.

［55］国家电网有限公司官方网站．“老变精神”与智慧财务［EB/OL］．［2020-08-06］．http：//www.sgcc.com.cn/html/sgcc_main/col2017021449/2020-08/06/20200806180848751823443_1.shtml.

［56］国务院：“十四五”数字经济发展规划［EB/OL］．［2022-01-12］．

http：//www.gov.cn/zhengce/content/2022-01/12/content_5667817.htm.

［57］何瑛，周访．我国企业集团实施财务共享服务的关键因素的实证研究［J］．会计研究，2013（10）：59-66，97.

［58］何瑛．基于云计算的企业集团财务流程再造的路径与方向［J］．管理世界，2013（4）：182-183.

［59］何瑛．企业财务流程再造新趋势：财务共享服务［J］．财会通讯，2010（2）：110-113.

［60］吉同池．财务共享的基本实施思路及未来发展趋势探究［J］．审计与理财，2018（5）：28-30.

［61］贾小强，郝宇晓，卢闯．财务共享的智能升级：业财税一体化的深度融合［M］．北京：人民邮电出版社，2020.

［62］姜浩．试论企业财务共享中心的未来前景与发展危机［J］．中国管理信息化，2019，22（3）：57-58.

［63］李心合．信息化与财务流程再造［J］．财务与会计，2008（4）：61-63.

［64］李雪娇．财务共享服务中心体系构建研究［J］．财会学习，2017（2）：61-62.

［65］廖建文，陈晓平．生态圈的竞争［J］．21世纪商业评论，2012（12）：36.

［66］廖建文．撬动企业的商业生态圈［J］．商业文化月刊，2016（9）：36-38.

［67］刘勤，杨寅．智能财务的体系架构、实现路径和应用趋势探讨［J］．管理会计研究，2018（1）：84-90+96.

［68］刘涛．“大智移云”技术条件下的财务共享服务理论与提升对策研究［J］．商业会计，2019（20）：4-7.

［69］马化腾，孟昭莉，闫德利．数字经济：中国创新增长新动能［M］．北京：中信出版社，2017.

［70］马会娟．财务共享服务与企业组织变革的影响关系研究——以H集团为例［J］．纳税，2019，13（27）：60-61.

［71］毛钰玮．YT公司财务共享服务模式的特征及效应研究［D］．西安：西安科技大学，2019.

［72］时广军，张艳．国外财务共享研究：回顾与展望［J］．财会研究，2016（11）：28-33.

［73］王兴山．数字化转型中的财务共享［M］．北京：电子工业出版社，2018.

［74］王振国．财务共享服务的优势和未来发展趋势［J］．财经界（学术版），2019（18）：118-119.

［75］吴益军，张高峰，张颖．企业国际化过程中的组织创新——服务共享中心的建立和管理［J］．世界经济研究，2003（3）：85-89.

［76］谢常嫱．H集团财务共享信息系统设计与应用方式研究［D］．济南：山东大学，2012.

［77］新华网．国家电网发布《泛在电力物联网白皮书2019》［EB/OL］．［2019-10-14］．http：//www.xinhuanet.com/energy/2019-10/14/c_1125103181.htm.

［78］徐搏，王淼．国网吉林电力：重塑预算体系 推进挖潜增效［EB/OL］．［2020-03-25］．http：//www.chinapower.com.cn/dww/qygl/20200325/12571.html.

［79］徐晋，张祥建．平台经济学初探［J］．中国工业经济，2006（5）：40-47.

［80］颜婕．集团企业财务共享中心的构建研究——以中铁二局房地产集团公司为例［J］．会计师，2018（1）：14-16.

［81］叶怡雄，刘中华．集团企业智能化财务共享中心建设研究——基于智慧财务的视角［J］．国际商务财会，2019（10）：35-38.

［82］用友智能财务．拥抱财务数字化时代　共筑财务转型新未来［EB/OL］．［2018-08-20］．https：//mp.weixin.qq.com/s/zHcc-Po1gx6RMn-JWSs_8GQ.

［83］翟元甫．基于TOE框架的政务服务智慧能力影响因素研究［D］．成都：电子科技大学，2020.

［84］张高峰，吕巍，张颖．服务共享中心——超越集权化的组织模式［J］．企业研究，2003（3）：74-75.

［85］张培培．财务共享服务的优势和未来发展趋势［J］．财会学习，2019（8）：41-42.

［86］张庆龙，董皓，潘丽靖．财务转型大趋势：基于财务共享与司库的认知［M］．北京：电子工业出版社，2018.

［87］张庆龙，聂兴凯，潘丽靖．中国财务共享服务中心典型案例［M］．北京：电子工业出版社，2016.

［88］张庆龙，潘丽靖，张羽瑶．财务转型始于共享服务［M］．北京：中国财政经济出版社，2015.

［89］张庆龙．财务共享服务数字化转型的动因与技术影响［J］．财会月刊，2020（15）：12-16.

［90］张庆龙．财务转型始于共享服务［J］．首席财务官，2017（13）：90-91.

［91］张庆龙．数字经济背景下集团财务组织架构转型趋势分析［J］．财会月刊，2020（14）：10-14.

［92］张庆龙．下一代财务：数字化与智能化［J］．财会月刊，2020（10）：3-7.

［93］中华人民共和国财政部．财政部关于全面推进管理会计体系建设的指导意见［EB/OL］．［2014-11-14］．http：//www.gov.cn/xinwen/2014-11/14/content_2778581.htm.

［94］中华人民共和国财政部．关于印发《企业会计信息化工作规范》的通知［EB/OL］．［2013-12-06］．http：//kjs.mof.gov.cn/zhengwuxinxi/zhengcefabu/201312/t20131216_1025312.html.

［95］中兴新云，等．2018年中国共享服务领域调研报告［EB/OL］．［2019-12-02］．https：//server.9yuntu.cn/doc/LoZw811PoQzbgsKdDsn0Ly.

［96］中兴新云，等．2019年中国共享服务领域调研报告——基于中央企业财务共享服务建设情况［EB/OL］．［2019-12-02］．https：//server.9yuntu.com/doc/1Vxw31McUJFWatGimdqEZd.

［97］中兴新云，等. 2020年中国共享服务领域调研报告［EB/OL］.［2022-01-05］. http：//www.ztccloud.com.cn/researchreportccontent/2146139.

［98］周开保，孙伟红，陈润生. 基于“互联网+”的供电所服务新模式［J］. 农电管理，2018（4）：9-10.

索引